DEUX LETTRES

A Mylord Comte d'ABERDEEN,

SUR

L'AUTHENTICITÉ DES INSCRIPTIONS

DE FOURMONT.

Par M. RAOUL-ROCHETTE,

MEMBRE DE L'INSTITUT ROYAL DE FRANCE, CONSERVATEUR DU CABINET DES MEDAILLES ET ANTIQUES DE LA BIBLIOTHÈQUE DU ROI, L'UN DES REDACTEURS DU JOURNAL DES SAVANS, &c. &c.

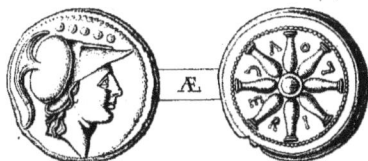

St Anne D. del. et sculp.

A PARIS,

DE L'IMPRIMERIE ROYALE.

Chez De Bure frères, Libraires du Roi et de la Bibliothéque du Roi, rue Serpente, n° 7.

1819.

VIRO . CLARISSIMO

P. F. J. GOSSELLIN

GEOGRAPHIAE . VETERVM

OPTIMO . INSTAVRATORI

QVOD

ET . REI . NVMMARIAE

PERITVS

CIMELIARCHA . REGIVS

ME . SIBI . COLLEGAM

IN . HOC . MVNERE

SVFFRAGIO . SVO

DESIGNAVERIT

RAOVL - ROCHETTE.

DEUX LETTRES

A Mylord Comte D'ABERDEEN,

SUR

L'AUTHENTICITÉ DES INSCRIPTIONS

DE FOURMONT.

PREMIÈRE LETTRE.

Mylord,

Je viens de lire, dans le recueil récemment publié par votre célèbre compatriote M. Th. Walpole (1), une lettre où votre seigneurie reproduit, sur les inscriptions de Fourmont, l'opinion qu'un autre de vos concitoyens, M. Richard Payne Knight, a fait prévaloir en Angleterre (2). On ne voit guère ailleurs que dans votre pays, de grands seigneurs descendre de la haute sphère des spéculations politiques, pour se mêler aux discussions littéraires;

(1) *Memoirs relating to European and Asiatic Turkey,* pag. 446-451.
(2) *An analytical Essay on the greek* alphabet, by Richard Payne Knight London, MDCCXCI.

A

et ce qui est plus rare encore, c'est que des hommes constitués en dignité ne se contentent pas d'embrasser les opinions des savans, et de les prendre, pour ainsi dire, toutes faites, mais qu'ils daignent y ajouter de nouveaux argumens, et leur procurer ainsi la double autorité de leur crédit et de leurs lumières. Cet honneur que vous faites aux lettres, MYLORD, vous méritez de le recevoir de tous ceux qui les cultivent, et je ne me crois pas indigne de vous le rendre. C'est donc vous-même que je prendrai pour juge dans une cause qui vous a eu pour adversaire ; c'est par votre propre suffrage que je veux assurer aujourd'hui les droits de la vérité ; et, quels qu'aient été vos premiers sentimens sur cette matière, désormais son triomphe sera le vôtre.

Je n'userai, MYLORD, de votre complaisance que le moins de temps qu'il me sera possible : un homme qui sait faire un si noble emploi de ses loisirs, mérite bien qu'on en soit aussi économe pour lui, qu'il en est prodigue pour le public. Je serai donc aussi court que le permettent l'importance de la question et la qualité de mes adversaires. Je dois craindre par-dessus tout de perdre ma cause en fatiguant l'attention, et j'aime mieux sacrifier quelques raisons et conserver quelques lecteurs. Je prendrai la question au point où l'a prise M. KNIGHT lui-même, sans opposer à son opinion le sentiment de ceux qui l'ont précédé, sans m'autoriser du nombre et de la gravité des suffrages qui combattent le sien. Il ne s'agit pas ici de citer et de peser des noms, quoique souvent ce genre de critique en vaille bien un autre ; mais il ne seroit pas généreux d'user contre M. KNIGHT d'un avantage dont il ne pourroit se prévaloir à son tour. Je ne prétends que discuter des raisonnemens, établir des faits, en un mot, mettre par-tout la raison à la place de l'autorité. Je suivrai pied à pied M. KNIGHT. Je serai, j'en conviens, obligé de le traduire presque entièrement pour le réfuter : mais aucun de mes lecteurs ne sera, je crois, tenté de s'en plaindre; et pour moi, je lui aurai cette obligation, que le plan qu'il s'est tracé me dispensera de m'en former un.

Pour ne point charger ma réfutation de circonstances inutiles, je supposerai, avec M. KNIGHT, que mes lecteurs sont instruits des particularités du voyage de FOURMONT; qu'ils savent au moins que, chargé par LOUIS XV de parcourir la Grèce, afin d'y recueillir des fragmens d'antiquités, des manuscrits, des copies d'inscriptions, cet académicien y employa près de *trois années* (1), au bout desquelles il rapporta dans son pays un immense recueil de monumens de toute espèce. Voilà ce qu'il y a de plus essentiel à savoir; et, quant au caractère de l'auteur, dont la connoissance n'est pas non plus étrangère à la question qui nous occupe, l'opinion qu'en avoit l'Académie dans le sein de laquelle il a vécu, est que c'étoit un homme médiocrement versé dans la langue et l'histoire grecques, et nullement dans le commerce du monde; du reste, laborieux, appliqué, poussant la franchise et l'austérité de ses manières jusqu'à la rudesse; en un mot, beaucoup moins éclairé qu'honnête; capable, conséquemment, d'introduire par inadvertance de mauvaises leçons dans des monumens qu'il entendoit mal, mais non pas d'en forger sciemment d'imaginaires (2). Telle est, du moins, l'opinion qu'en avoient ses contemporains, ceux qu'il eut pour témoins, pour compagnons, pour juges de ses travaux. Or il faut prouver par l'examen des inscriptions, que cette opinion étoit fausse, et non alléguer d'avance l'opinion contraire, comme une preuve de la fausseté de ces monumens. Il eût été mieux sans doute de

---

(1) De 1729 à 1731. Voy. la relation abrégée de ce voyage dans l'*Histoire de l'Académie des Belles-Lettres*, tom. VII, pag. 344 et suivantes.

(2) Voy. l'*Éloge de FOURMONT* dans l'*Histoire de la même Académie*, t. XVIII, pag. 446.

A 2

suivre la première méthode : on a préféré la seconde, qui, effectivement, est plus expéditive et plus commode. J'avoue même
que c'étoit la seule, en pareil cas, qui pût conduire au résultat
desiré; car, s'il eût été une fois bien reconnu que FOURMONT
étoit trop honnête homme pour être un faussaire, tout l'écha-
faudage des argumens entassés contre ses inscriptions se fût
écroulé de lui-même; on se fût borné à élever des doutes sur la
fidélité de quelques leçons, à proposer des interprétations différentes pour quelques autres; et l'on n'eût pas pris d'emblée le
parti violent de rejeter comme des productions honteuses de
l'ignorance et de l'imposture, des monumens d'une haute et
respectable antiquité, dont le seul défaut est peut-être de con-
trarier quelques systèmes et de détruire quelques théories très-
modernes.

Et permettez-moi, à cette occasion, MYLORD, de protester
contre cette facilité trop commune avec laquelle on accueille
de semblables imputations. Depuis que les fraudes d'ANNIUS DE
VITERBE, qui en avoient quelque temps imposé au monde, ont été
découvertes et confondues, ce genre de critique, dans lequel on
peut déployer à peu de frais beaucoup d'érudition et d'esprit,
est devenu à la mode; et le scepticisme y a fréquemment été
poussé jusqu'à la licence la plus incroyable : rappelez-vous,
MYLORD, les paradoxes du P. HARDOUIN, lesquels étoient peut-
être plus hardis encore que les grossières impostures du moine
de Viterbe. Le succès obtenu plus récemment par votre compatriote BENTLEY, à l'égard des prétendues Lettres de Phalaris (1),
a servi d'un nouvel appât; et je conviendrai sans peine que, dans
cette réfutation et dans quelques autres du même genre (2),

(1) La Dissertation anglaise de BENT-
LEY parut en 1697, et la Défense contre
C. BOYLE, en 1699. LENNEP en a publié

une traduction latine, Groning. 1777.
(2) Je me plais à citer ici la réfutation faite par M. BOISSONADE des

l'évidence a été portée aussi loin qu'il est possible. Mais de la facilité avec laquelle de simples sophistes des bas siècles avoient pu fabriquer, sous le nom d'anciens et illustres personnages, des lettres qui n'étoient peut-être, pour leurs auteurs, qu'un jeu innocent, un moyen de s'essayer dans l'art d'écrire, et nullement de faire illusion aux contemporains ou de tromper la postérité (1), a-t-on dû conclure qu'il est également facile de fabriquer des monumens originaux? On a cependant procédé de cette manière, et même d'abord avec succès. Ainsi l'on a rejeté le plus grand nombre des médailles recueillies par GOLTZIUS ; on a taxé de fausseté les monumens décrits par CYRIAQUE D'ANCÔNE ; et le principal argument sur lequel on appuyoit une opinion si rigoureuse, étoit le défaut de monumens semblables ou seulement analogues à ceux-là. On en a retrouvé depuis ; et dès-lors il a fallu modifier cette opinion : la sentence portée avec tant de précipitation et de rigueur contre la mémoire de ces deux hommes a été rectifiée et adoucie sur plusieurs points ; qui sait si bientôt elle ne sera pas entièrement révoquée ? Vous savez, MYLORD, que les *tables eugubiennes*, ces monumens si bien conservés d'une langue depuis si long-temps détruite, ont aussi été soupçonnées de fausseté, et qu'avant de songer aux moyens de les expliquer, on prit le parti de les

Lettres attribuées à *Diogène le Cynique* (voy. *Notices des Manuscrits*, tom. X, pag. 122-298, 2.ᵉ partie). Il est impossible d'unir une plus profonde érudition et une critique plus judicieuse ; et si l'on eût ainsi combattu FOURMONT, je n'aurois pas eu la tentation de prendre la plume pour le défendre.

(1) Nous avons dans notre littérature une foule d'exemples du même genre, qui peuvent justifier ou expliquer cet artifice des anciens rhéteurs. Ainsi, lorsque MONTESQUIEU, dans la *Préface du Temple de Cnide*, donne cet ouvrage comme une traduction d'un livre grec, il ne prétendoit assurément tromper personne sur le véritable auteur de cette production originale ; et, si quelque jour la tradition contemporaine venoit à s'altérer ou à se perdre, auroit-on raison d'accuser MONTESQUIEU de fraude et d'imposture ! Les auteurs des *Lettres de Phalaris*, d'*Euripide*, de *Thémistocle*, de *Diogène*, &c., étoient peut-être dans le même cas, et la critique s'est peut-être montrée trop rigoureuse à leur égard.

rejeter. Cependant, quoiqu'il y ait eu jusqu'à nos jours bien des systèmes sur le sens qu'elles présentent (1), il n'y a plus à présent qu'une opinion sur l'authenticité de ces *tables;* et M. KNIGHT lui-même les regarde comme le plus ancien monument de l'art d'écrire (2). Mais la hardiesse du scepticisme a été plus loin encore; elle a contesté jusqu'à l'authenticité de ces marbres déposés dans votre université d'*Oxford*, et auxquels on donne encore aujourd'hui le nom du comte D'ARUNDEL, qui les a procurés à votre patrie; et c'est au sein même de l'Angleterre, enorgueillie de posséder ce monument, que s'est élevée la voix qui le condamnoit (3). Ainsi ce n'est plus seulement quelques frivoles écrits, transmis jusqu'à nous sur des feuilles légères et par des mains ignorantes, qu'on a regardés comme supposés et apocryphes, mais une chronique entière, profondément gravée sur le marbre, arrachée des entrailles de la terre, offrant aux yeux les signes les moins équivoques de la vétusté, pleine de lacunes et de difficultés que tout le savoir des plus habiles chronologistes d'Europe n'a pas encore réussi à suppléer et à éclaircir entièrement;

(1) Je dirai plus bas quelques mots sur les principaux de ces systèmes, de BONAROTTI, de BOURGUET, de GORI, de MAFFEI, &c. &c.

(2) *Analys. of greek alphab.* pag. 120. Cependant M. KNIGHT se trompe encore en ce point, ainsi que l'a montré le savant P. LANZI, dont l'opinion, en pareille matière, fait autorité.

(3) J. ROBERTSON, dans un ouvrage intitulé : *The Parian Chronicle, or the Chronicle of the Arundelian Marbles, with a dissertation concerning its authenticity*, London, 1788. Plusieurs auteurs entreprirent de défendre contre les attaques du savant Anglais l'authenticité de ces marbres, et notamment JOHN HEWLETT (*A vindication of the Parian Chronicle*, London, 1789), un Allemand, M. K. F. C. WAGNER (*Die Parische Chronik,&c.,* 1789), et un autre Allemand anonyme, qu'on sut être M. HEYNE (*Gazette littér. de Gottingue,* 1790). L'illustre PORSON prit part à cette querelle littéraire (voy. *Museum criticum* de Cambridge, tom. I, pag. 229, sqq; et *Tracts &c. miscella-neous criticism,* p. 57, sqq.). M. SCHŒLL, qui, dans ses *Élémens de Chronologie*, a donné l'histoire de cette controverse, dit que *le doute plane encore sur ce monument* (tom. II, pag. 54): mais c'est certainement une assertion téméraire.

et, malgré tant de raisons qui sembloient attester d'avance l'im-
puissance de ses efforts, la critique est parvenue à élever contre
ce monument si ancien, si original, des objections si fortes et
si nombreuses, qu'elles ont quelque temps ébranlé la foi ou
du moins troublé la sécurité de ses plus doctes interprètes. A la
vérité, ce paradoxe a été depuis abandonné, comme tant d'autres
qui l'ont été, ou qui devroient l'être; mais aussi les marbres
étoient là pour témoigner eux-mêmes de leur authenticité :
d'ailleurs, il est permis de croire, MYLORD, que votre honneur
national n'a pas eu moins de part que la vue et l'étude du
monument, à ce triomphe de la vérité ; votre patriotisme s'est
révolté, autant que vos lumières, contre les argumens d'une
audacieuse critique, qui tendoit à priver la première de vos
écoles, d'un de ses plus précieux ornemens; le nom d'ARUNDEL a
protégé ces marbres mieux sans doute que n'eût pu le faire celui
du Français PEIRESC, qui en fut le premier possesseur(1); et si,
permettez-moi, MYLORD, cette supposition, les inscriptions de
FOURMONT eussent été déposées à *Oxford* plutôt qu'à *Paris*, je
crois bien qu'elles y auroient pu trouver des incrédules, mais
je crois aussi qu'elles n'y auroient pas manqué de défenseurs. Je
me flatte, MYLORD, que vous ne regarderez pas cette digres-
sion comme étrangère à mon sujet, et j'y reviens pour n'en plus
sortir.

« Lorsque M. FOURMONT revint de la Grèce, dit M. KNIGHT(2),
» il annonça qu'il avoit fait les plus rares découvertes ; qu'il
» s'étoit procuré une ancienne copie *des lois de* SOLON; et qu'après
» des fouilles opérées, sous sa direction, par *deux mille personnes,*
» dans les ruines d'*Amycles,* il y avoit trouvé des monumens
» écrits, d'une antiquité supérieure à tout ce qui avoit été pro-
» duit jusqu'à ce jour. » M. KNIGHT ajoute, quelques lignes plus

(1) GASSENDI, *Vit. Peiresc.* p. 140.   (2) *Analys. of greek alphab.* pag. 112,

bas : « Quant aux lois de SOLON, il n'en est plus question, non
» plus que des deux mille personnes employées aux fouilles
» d'*Amycles*. » Ces assertions préliminaires exigent quelques éclair
cissemens. L'espoir que FOURMONT avoit communiqué au monde
savant, et dont il s'étoit flatté lui-même touchant la découverte
des lois de SOLON, provenoit de précipitation et d'ignorance, et
non d'un dessein formé d'en imposer. Il avoit trouvé plusieurs
décrets relatifs à l'administration intérieure d'*Athènes*, et rédigés
la plupart à une époque et dans un langage dont l'ancienneté
ne pouvoit lui paroître douteuse ; ces monumens, tels qu'ils
existent en original parmi ses papiers, offrent les mêmes particularités de diction et d'orthographe qu'on remarque sur *le marbre
de* CHOISEUL, découvert depuis la mort de FOURMONT (1), et sur
d'autres inscriptions, également antérieures à l'archontat d'Euclide, que le savant CHANDLER a publiées (2). On ne supposera
certainement FOURMONT, ni personne au monde, capable d'avoir
forgé si juste des monumens d'une si haute antiquité, d'une étendüe
si considérable, et d'une diction dont il n'existoit de son temps
aucun modèle connu. C'est d'après un aperçu superficiel de ces
monumens, dont l'authenticité ne sauroit être suspecte, que
FOURMONT s'imagina qu'il avoit en sa possession l'*original des lois de*
SOLON : c'est ainsi du moins qu'un savant de nos jours, M. BŒCKH,
qui vient de publier quelques-unes de ces précieuses inscriptions
athéniennes (3), explique et justifie la méprise du voyageur français ; et si, du vivant même de FOURMONT, il cessa d'être question de cette importante découverte, c'est qu'un examen plus
approfondi des prétendues lois de SOLON fit mieux connoître la
vraie nature et le véritable objet de ces monumens. M. KNIGHT

(1) En 1788. Voy. la *Dissertation* de l'abbé BARTHÉLEMY, dans les *Mémoires de l'Académie des Belles-Lettres,* tom. XLVIII, pag. 337-386.

(2) *Inscript. antiq.* part. II.
(3) *Die staats haushaltung der Athener,* von AUGUST BOECKH, Berlin, 1817, 2 voll.

aime

aime mieux attribuer ce silence à la crainte qu'avoit FOURMONT
de trahir son incapacité en essayant de forger le texte qu'il avoit
annoncé, et de ne pouvoir soutenir une aussi longue imposture (1):
voilà certainement une supposition très-charitable; mais pour
avoir le courage d'y répondre, il faudroit avoir celui de la faire.

La seconde assertion de M. KNIGHT est au moins aussi extraordinaire que cette supposition. *Il n'est plus question* DES DEUX
MILLE PERSONNES *employées aux fouilles d'Amycles!* Mais en quel
endroit de la relation de FOURMONT le critique a-t-il jamais rien
trouvé de semblable? Le seul passage où il soit parlé de ces
fouilles d'*Amycles* (2), est celui-ci, que je transcris textuellement:
« QUINZE OUVRIERS travaillèrent, et découvrirent plus de vingt ins-
» criptions: on augmenta le nombre des ouvriers jusqu'à SOIXANTE;
» et pendant cinquante-cinq jours qu'ils employèrent à démolir
» toutes ces murailles des Paléologues, sans épargner même les
» fondemens des temples des dieux, &c. » Lorsque M. KNIGHT,
en autorité privée, multiplie ce nombre de *soixante* personnes
à celui de *deux mille*, il est permis de croire, d'après une si
étrange opération de calcul, que ce critique compte quelquefois
un peu trop sur l'exactitude de sa mémoire, ou trop peu sur
celle de ses lecteurs; et, lorsque, non encore satisfait d'une exagération si forte, il y ajoute celle-ci, que *le Péloponnèse entier pourroit à peine fournir un pareil nombre de personnes,* je crains que
M. KNIGHT n'ait l'habitude de se jouer de ses propres pensées et

---

(1) *Analys. of greek alphab.* pag. 127.

(2) Dois-je remarquer que les fouilles
dont il est ici parlé, furent faites à *Sparte*,
et que le nombre des ouvriers employés
à celles d'*Amycles* n'est marqué nulle
part dans la relation de FOURMONT!
M. KNIGHT auroit donc pris *Sparte* pour
Amycles; et cette méprise n'est pas la
seule preuve de l'inattention avec laquelle
il a parcouru des monumens qu'il juge
avec tant de rigueur. J'ose croire qu'il
me trouvera plus juste à son égard, et
que, s'il me reproche quelques fautes, ce
ne seront pas du moins *des fautes d'attention.*

B

aime mieux attribuer ce silence à la crainte qu'avoit FOURMONT de trahir son incapacité en essayant de forger le texte qu'il avoit annoncé, et de ne pouvoir soutenir une aussi longue imposture (1): voilà certainement une supposition très-charitable; mais pour avoir le courage d'y répondre, il faudroit avoir celui de la faire.

La seconde assertion de M. KNIGHT est au moins aussi extraordinaire que cette supposition. *Il n'est plus question* DES DEUX MILLE PERSONNES *employées aux fouilles d'Amycles!* Mais en quel endroit de la relation de FOURMONT le critique a-t-il jamais rien trouvé de semblable? Le seul passage où il soit parlé de ces fouilles d'*Amycles* (2), est celui-ci, que je transcris textuellement: « QUINZE OUVRIERS travaillèrent, et découvrirent plus de vingt inscriptions: on augmenta le nombre des ouvriers jusqu'à SOIXANTE; et pendant cinquante-cinq jours qu'ils employèrent à démolir toutes ces murailles des Paléologues, sans épargner même les fondemens des temples des dieux, &c. » Lorsque M. KNIGHT, de son autorité privée, multiplie ce nombre de *soixante* personnes en celui de *deux mille*, il est permis de croire, d'après une si étrange opération de calcul, que ce critique compte quelquefois un peu trop sur l'exactitude de sa mémoire, ou trop peu sur celle de ses lecteurs; et, lorsque, non encore satisfait d'une exagération si forte, il y ajoute celle-ci, que *le Péloponnèse entier pourroit à peine fournir un pareil nombre de personnes*, je crains que M. KNIGHT n'ait l'habitude de se jouer de ses propres pensées et

(1) *Analys. of greek alphab.* pag. 127.
(2) Dois-je remarquer que les fouilles dont il est ici parlé, furent faites à *Sparte,* et que le nombre des ouvriers employés à celles d'*Amycles* n'est marqué nulle part dans la relation de FOURMONT! M. KNIGHT auroit donc pris *Sparte* pour *Amycles;* et cette méprise n'est pas la

seule preuve de l'inattention avec laquelle il a parcouru des monumens qu'il juge avec tant de rigueur. J'ose croire qu'il me trouvera plus juste à son égard, et que, s'il me reproche quelques fautes, ce ne seront pas du moins *des fautes d'attention.*

B

de badiner avec son sujet ; ce qui m'exposeroit au ridicule de prendre au sérieux des choses qu'il auroit dites en plaisantant. M. KNIGHT convient néanmoins, et je pense qu'il est ici de bonne foi, que FOURMONT put réunir un certain nombre de travailleurs, *mais uniquement*, ajoute-t-il, *pour mettre en pièces et non pour découvrir des inscriptions*. Il auroit fallu peut-être, pour être tout-à-fait conséquent, accorder à FOURMONT ce double motif. Quoi qu'il en soit, on cite pour garant de cette assertion, M. STUART, qui suivit FOURMONT à peu de distance ; et j'ajoute moi-même à ce témoignage celui d'un autre voyageur anglais, M. DODWELL, qui, au retour de son voyage en Grèce, dont il s'occupe en ce moment à publier les magnifiques résultats (1), m'a assuré plusieurs fois que le souvenir de FOURMONT et des destructions exécutées par ses ordres subsistoit encore dans les lieux qui en avoient été le théâtre. Mais il y avoit un témoignage plus sûr et plus direct à alléguer ; c'est celui de FOURMONT lui-même, qui, dans une lettre manuscrite au comte DE MAUREPAS, rend compte de la précaution qu'il avoit prise, *en quelques endroits*, de briser, de mutiler et d'enfouir des marbres, après avoir copié les caractères qu'il y voyoit tracés ; précaution barbare, par laquelle il croyoit assurer à sa patrie la gloire exclusive de ses

---

(1) Voici une anecdote que m'a racontée M. DODWELL, et qui prouve combien ce souvenir est encore présent à l'esprit des habitans actuels de la *Laconie*. Lorsque M. DODWELL s'occupoit à rechercher les inscriptions antiques qui pouvoient se trouver parmi les ruines de *Sparte*, le chef qui les lui montroit, avoit soin, après les avoir déterrées, de les recouvrir aussitôt et de les enfouir de nouveau. Surpris de ce procédé, M. DODWELL en demanda la raison ; et on lui répondit que c'étoit afin de préserver ces marbres de la destruction, et de les soustraire aux recherches d'un *Mylord français* (c'est ainsi qu'ils désignent FOURMONT) qui faisoit effacer à coups de marteau les inscriptions qu'on lui avoit montrées. Et à l'appui de ce discours, le Grec fit voir à M. DODWELL de grands quartiers de marbre, tout couverts d'inscriptions désormais illisibles, que ce *Mylord* avoit ainsi mutilées.

découvertes, et qui, contre son attente, n'a pas peu contribué à lui en faire perdre les résultats. M. KNIGHT ne refusera sans doute pas de croire FOURMONT, lorsqu'il s'accuse lui-même; et, quoiqu'un aveu aussi sincère eût dû peut-être ne pas lui attirer l'induction sévère qu'on en tire, savoir, que FOURMONT, *en détruisant les titres originaux, vouloit empêcher les voyageurs futurs de reconnoître ses erreurs et de publier ses impostures,* je conviens qu'une conduite aussi extravagante a pu donner lieu aux suppositions les plus défavorables. Mais que, du moins, on se contente d'accuser ainsi le patriotisme mal entendu de FOURMONT, et qu'on ne vienne pas ensuite, de ce que quelques-uns de ces marbres ne se retrouvent plus, conclure qu'ils n'ont jamais existé; car ce seroit raisonner aussi mal que FOURMONT lui-même, que de tirer d'un seul et même fait deux conséquences aussi absolument opposées.

Le défaut de publicité des manuscrits de FOURMONT paroît encore à M. KNIGHT une raison de croire que l'authenticité en étoit devenue suspecte aux yeux de l'*Académie* même, à laquelle le soin de publier ces manuscrits sembloit naturellement appartenir. Le comte DE CAYLUS avoit dit (1) que la dépense qu'eût exigée l'impression d'un recueil aussi volumineux, en avoit été jusqu'alors le seul empêchement; et M. KNIGHT, qui n'approuve pas ce motif, ne voit *dans une raison si frivole qu'un prétexte pour en cacher une plus solide.* C'est encore là une conjecture témérairement hasardée, et, qui pis est, déjà victorieusement réfutée. L'auteur des *Recherches sur les arts de la Grèce* a répondu avant nous (2), que si le comte DE CAYLUS eût eu des doutes sur l'authenticité de ces monumens, il ne les eût pas publiés lui-même; et j'ajoute que si l'*Académie* en eût porté le même jugement, les plus éclairés de ses membres, tant nationaux qu'étrangers,

(1) *Recueil d'Antiquités,* t. I, p. 59-60.　(2) Tom. II, pag. 185-186, not. 8.

B 2

tels que FRÉRET (1), DE BOZE (2), l'abbé BARTHÉLEMY (3), les
auteurs de la *Nouvelle Diplomatique* (4), TORREMUZZA (5), les
PP. PACCIAUDI (6) et LANZI (7), ne les auroient pas cités,
commentés, traduits, comme des monumens irréprochables, et
sur-tout, que cette savante compagnie ne les eût pas admis dans
le recueil de ses mémoires, long-temps après la mort de FOUR-
MONT, et à une époque où déjà s'étoient élevés des doutes sur
la certitude de quelques-unes de ses inscriptions. S'autoriser de
l'opinion de l'*Académie* pour calomnier la mémoire de FOURMONT,
pour récuser des monumens qu'elle a publiquement honorés de
son suffrage, et, en quelque sorte, marqués de son sceau (8),
c'est donc, par une manœuvre maladroite, chercher des auxiliaires dans le camp ennemi ; et je dirois, si j'osois me permettre
des suppositions, à l'exemple de M. KNIGHT, qu'un pareil recours
à une assistance étrangère prouve que le critique se défioit de
ses propres ressources. Il n'est pas beaucoup plus heureux, ou,
du moins, mieux instruit, lorsqu'il avance que ces manuscrits,
déposés à la Bibliothèque du Roi de France, sont soigneusement
écartés des regards. C'est une des moins graves erreurs du critique ; mais enfin c'en est une, et il n'est pas inutile de la relever.
La communication de ces manuscrits n'a jamais été plus difficile à se procurer, que celle d'aucun des titres originaux que
renferme ce vaste et précieux dépôt. L'*Académie de Berlin* a eu,
pendant trois années consécutives, et à une époque où les rela-
tions entre les deux gouvernemens n'étoient pas fort amicales,

---

(1) *Académie des Belles-Lettres*, t. VII,
pag. 297.

(2) *Ibid.* tom. XV, pag. 474.

(3) *Ibid.* tom. XXIII, pag. 394-421.

(4) *Nouveau Traité de diplomat.* t. I,
pag. 616.

(5) *Inscript. Sicil. prolegomen.* passim.

(6) *Monument. Pelopon.* t. II, pag. 157.

(7) *Saggio di lingua etrusca*, &c., t. I,
pag. 98 et sqq.

(8) Voy. les réflexions que fait à ce
sujet le P. PACCIAUDI, *Monument. Peloponn.* tom. II, pag. 157.

la liberté de faire prendre des copies des inscriptions de Fourmont : elle les possède actuellement en entier dans ses archives (1);
et, au moment où j'écris ces lignes, j'ai moi-même sous les yeux
cette collection originale. M. Knight se refuse à croire que des
considérations pécuniaires aient seules influé sur la destinée de ces
manuscrits, et je le félicite bien sincèrement de ce qu'une pareille idée paroît invraisemblable en Angleterre; mais est-ce à dire,
pour cela, qu'elle ne puisse être vraie en France ?

Puisque M. Knight a cru devoir entrer dans ces détails préliminaires, on ne sauroit me blâmer de l'y avoir suivi; et je ne
veux pas qu'il puisse dire de ma réfutation ce qu'il insinue à
propos de l'ouvrage de d'Hancarville, qu'on n'a opposé qu'une
défense partielle à une attaque générale. Après m'être occupé
des dehors, à l'exemple de mon adversaire, j'arrive, sur ses pas,
au corps de la place; et si je ne l'y poursuis pas dans tous ses

---

(1) L'*Académie de Berlin*, qui n'a pas
de ces inscriptions la même opinion que
M. Knight, se propose de les faire entrer dans un recueil général des monumens anciens, qu'elle prépare, et dont
la composition est confiée au zèle et aux
talens de M. Bœckh. C'est ce que m'apprend ce docte professeur dans une lettre
qu'il m'a fait l'honneur de m'adresser, et
dans laquelle il m'exprime, sur les inscriptions de Fourmont, une idée que
je n'adopte pas, mais que, par une juste
déférence pour son sentiment, autant
que par zèle pour la vérité, je ne puis
me dispenser de mettre sous les yeux de
mes lecteurs : *Quòd si jam quæris quid
de antiquissimis, qui feruntur, titulis
censeam, insanum dixerim, qui eos Tro-
jano bello priores cum Barthelenio, Lanzio
aliisque putet : neque tamen eos à Four-*

*monto, sed ab ipsis Spartanis circa primum
à Christo nato seculum confictos arbitror...
Sed eâ de re satis dixerunt R. P. Knight,
cætera Fourmonto nimiùm infensus et mi-
rificè argutus.* Le mot *insanus*, appliqué
à des hommes tels que Barthélemy
et Lanzi, me semble un peu dur; et
je me flatte qu'après avoir lu ces lettres,
M. Bœckh modifiera son opinion. Du
reste, il est assez difficile de concevoir
par quel motif et dans quel intérêt les
Spartiates *eux-mêmes* auroient forgé les
inscriptions recueillies par Fourmont.
Tout au plus pourroit-on supposer qu'ils
les auroient fait graver de nouveau en
caractères moins anciens, comme la seconde inscription de *Sigée* en fournit un
exemple. Mais ce n'est pas là le cas de
ces inscriptions, et ce n'est pas non plus
l'idée de M. Bœckh.

retranchemens, je puis lui promettre d'avance que ce ne sera pas faute de bonne volonté.

« Les inscriptions de FOURMONT contiennent, dit M. KNIGHT, » des modèles de l'art d'écrire, depuis les plus anciennes époques » de la tradition fabuleuse, jusqu'à la subversion des républiques » grecques, c'est-à-dire, depuis Eurotas, prétendu roi de la *Laco-* » *nie,* dans la septième génération avant la guerre de *Troie,* » jusqu'à Philippe de *Macédoine.* Dans des monumens gravés » à des époques si éloignées l'une de l'autre, on doit s'attendre » à trouver de grandes variations, soit dans la forme, soit dans » l'emploi des caractères. » Cette observation est vraie en géné-ral ; mais elle peut être sujette à quelques restrictions dans les cas particuliers. Il est clair, par exemple, qu'un peuple éloigné, par goût et par politique, de tout commerce avec les étrangers, nourri dans la plus profonde vénération pour les lois et les insti-tutions qui lui sont propres, et poussant jusqu'au fanatisme ce préjugé national, doit conserver beaucoup plus long-temps que des peuples différemment institués, les premières pratiques qu'il a reçues de ses ancêtres, et n'y admettre de changemens que ceux qui résultent de la marche irrésistible du temps et de la nature même de toutes les choses humaines : or personne ne peut nier que ce ne soit là précisément le cas des Lacédémo-niens. Quelle est toutefois la conséquence que tire M. KNIGHT de ce principe, trop rigoureusement établi ! J'ai besoin de mettre son passage en entier sous les yeux des lecteurs ; le voici : « Les » caractères de ces diverses inscriptions sont si exactement » semblables, qu'ils semblent tracés par une même main et » l'ouvrage d'une seule personne ; — les terminaisons des noms » aux cas obliques y sont les mêmes que dans PAUSANIAS ; — » et l'on y trouve toutes les formes barbares de lettres, telles que » le *sigma* ϲ et l'*epsilon* ϵ, employées seulement sous les derniers

» empereurs romains. — Le *sigma* des plus anciennes inscriptions,
» est pris, à la vérité, des anciennes médailles de *Gortyne* en
» Crète, sur lesquelles nous lisons le mot ꙅΝⱴꚍ4Ο٦, que Four-
» mont et d'autres antiquaires doués d'une égale pénétration
» prenoient pour ΓΟΡꚍꚍΝꙎ, au lieu que c'est ΓΟΡꚍꚍΝΙ, abré-
» viation de ΓΟΡꚍꚍΝΙΩΝ, légende de quelques autres médailles
» de la même ville. Cette forme de l'*iota* se retrouve sur les
» médailles de *Lyttus*, de *Posidonia*, et dans l'inscription de
» *Veletri*. » Je le dis à regret; il n'y a pas une seule des assertions contenues dans ce passage qui ne soit matériellement fausse
ou témérairement hasardée; et je le prouve, en les reprenant
une à une.

I. Le moins ancien des monumens de Fourmont qui ait
été publié, est le *bouclier d'Archidame, fils d'Agésilas* (1); ce
prince mourut vers la deuxième année de la cvi.ᵉ olympiade, dans
laquelle naquit Alexandre le Grand : c'est là l'époque la plus
rapprochée que fournissent ces inscriptions, et M. Knight la fixe,
en d'autres termes, quoique d'une manière moins précise, au
règne de Philippe de *Macédoine*. Celui de ces monumens qui
suit immédiatement dans l'ordre des temps, est le *bouclier d'Anaxi-*
dame, fils de Zeuxidame (2), lequel, ayant terminé, suivant le
témoignage de Pausanias (3), la seconde guerre de *Messénie*,
dans la première année de la xxviii.ᵉ olympiade, doit être censé
appartenir à cette dernière époque. L'intervalle entre ces deux
princes, qui fut de *trois cent douze années*, est bien moins considérable que celui qui existe entre l'époque du plus récent des deux et
le siècle auquel appartient, ou l'*inscription d'Eurotas*, ou la *chro-*
nique d'Amycles; et, par conséquent, les variations de l'écriture
doivent paroître moins sensibles dans cette première période

(1) *Acad. des Belles-Lettres. Mém.* | (2) *Ibid.* tom. XVI, pag. 104.
tom. XVI, pag. 101-110. | (3) Pausanias, lib. III, c. 7.

que dans la seconde. Elles le sont cependant au point, que le lecteur le moins attentif, en jetant alternativement un coup-d'œil sur le bouclier d'Archidame et sur celui d'Anaxidame, y apercevra des différences nombreuses, et pourra de là apprécier l'exactitude de cette assertion de M. KNIGHT, que *tous ces caractères semblent tracés par une même main*. M. KNIGHT n'y avoit remarqué ou du moins exprimé de différence que dans la forme du *sigma* ; on y verra de plus le г, l'ᴀ, le ᴧ, l'ᴇ, l'ɪ, faits, sur l'un et sur l'autre de ces monumens, d'une manière qui ne diffère pas moins essentiellement dans la copie même qu'en a publiée M. KNIGHT, et dont je me sers ici de préférence à celle de l'*Académie des Belles-Lettres*. Un semblable examen m'eût offert plus d'avantage encore, si, comme il m'étoit permis de le faire d'après l'assertion générale du sévère critique, j'eusse comparé entre eux les monumens les plus éloignés l'un de l'autre ; par exemple, les caractères du *bouclier d'Archidame* avec ceux de la *chronique d'Amycles* ; car la différence en est tellement manifeste, qu'il est superflu de l'indiquer, et impossible de ne la point remarquer, à moins qu'on ne soit d'avance résolu de la nier. Au reste, c'est ici une question que les yeux seuls peuvent décider, et c'est aussi par ce seul témoignage, auquel M. KNIGHT n'a pas craint d'en appeler, que son assertion doit être réfutée. J'ai réuni, dans une même planche (*voy. pl. ɪɪ*), les principales formes des caractères qu'offrent les inscriptions publiées par FOURMONT ; et le rapprochement de ces divers alphabets suffira pour montrer combien la différence des formes s'y accorde avec celle des temps, et combien il est impossible qu'une écriture si variée dans ses élémens ait été *l'ouvrage d'une seule et même personne* (ɪ). Passons à la seconde proposition de M. KNIGHT.

(ɪ) C'est aussi la remarque qu'a faite l'abbé BARTHÉLEMY (*Académie des* | *Belles-Lettres,* tom. XXIII , pag. 418); et il semble que l'opinion d'un aussi

II.

II. *Les terminaisons des noms aux cas obliques sont, dans ces inscriptions, les mêmes que dans PAUSANIAS.* Mais, en admettant la justesse de cette observation, pouvoit-il en être autrement? Tous ces noms, au temps de PAUSANIAS, étoient des noms historiques dont cet écrivain n'avoit pu prendre la connoissance et l'orthographe que dans les livres ou les monumens qui avoient conservé, relativement à l'une et à l'autre, la tradition contemporaine. En quoi donc seroit-ce une preuve de fausseté, que de trouver ces noms écrits sur les monumens originaux, comme ils le sont dans PAUSANIAS, qui n'a fait que copier des ouvrages plus ou moins voisins du temps où furent gravés ces monumens? Il n'est pas vrai, d'ailleurs, que les marbres de FOURMONT ne diffèrent en rien des leçons fournies par le texte de PAUSANIAS; les mêmes noms se reproduisent, des deux côtés, sous des formes très-différentes, et avec les variations propres à caractériser des époques très-éloignées les unes des autres. J'en donnerai pour exemple les deux inscriptions que j'ai précédemment comparées: Αρχιδαμος Αγεσιλαου, et Αναξιδαμος Δευξιδαμω, τω Αναξανδρο, τω Ευειχρατεο, Βαγης. Dans la première, qui est la moins ancienne, le cas oblique Αγεσιλαν est conforme à l'usage du temps auquel appartient cette inscription: c'est ainsi que le même nom est écrit par XÉNOPHON (1), contemporain et ami d'Agésilas; et FOURMONT n'a ni pu ni dû le représenter écrit différemment. L'autre inscription indique certainement une manière d'écrire plus ancienne, par la suppression de l'r aux génitifs Δευξιδαμο, Αναξανδρο, et à l'article τω, comme on le voit dans *l'inscription de Sigée* (2) et sur le *marbre de CHOISEUL* (3); et par la forme du mot

habile homme valoit bien la peine d'être au moins examinée, avant que d'en exprimer une absolument opposée et contredite par les monumens.

(1) XENOPH. *in Agesil.*; PLUTARCH.

in Vit. Agesil. passim.

(2) Lin. 2 et 3, *apud* CHISHULL, *Antiq. Asiatic.* planch. IV.

(3) *Mém. de l'Acad. des Bell.-Lett.*, tom. XLVIII, pag. 337.

C

Εὐειχρατεο, pour Εὐρυχρατεος ou Εὐρυχρατους, qui est la leçon de
PAUSANIAS et des écrivains attiques. Il y a donc entre ces deux
monumens les dissemblances qui devoient nécessairement résulter
de la différence des époques où l'un et l'autre fut gravé ; et, en
même temps, les rapports qu'ils offrent avec le texte de PAUSANIAS,
sont conformes aux principes de la langue et aux règles de l'analogie.
Si cela ne répond pas directement à l'objection de M. KNIGHT,
j'avoue que je ne comprends pas son idée. Poursuivons.

III. *On trouve dans ces inscriptions toutes les formes barbares des
lettres, telles que le sigma* c *et l'epsilon* є, *employées seulement sous
les derniers empereurs romains.* Voilà, s'il m'est permis de le dire,
une des plus graves méprises du critique : elle est, à la vérité,
appuyée des plus illustres suffrages ; SPANHEIM (1), SPON (2),
le P. MONTFAUCON (3), le P. CORSINI, WINCKELMANN, ont
soutenu cette opinion : mais un seul monument bien authentique suffit pour ôter tout crédit à cette foule de graves autorités.
Le médaillon de Ptolémée Philadelphe, publié par D'HANCAR-
VILLE, et dont l'époque ne sauroit être douteuse (4), offre *l'epsilon*
sous la double forme є et є, dont la seconde est rapportée exclu-
sivement, par ces savans et par M. KNIGHT, au siècle des derniers
empereurs. Un *décret de Géla*, publié par le prince DE TORRE-
MUZZA (5), offre, à la quatrième ligne, le *sigma* et *l'epsilon* sous
cette forme qu'on prétend si récente, dans le mot ΔΕΥΤΕΡΑC :
or ce décret est nécessairement antérieur à l'époque de la destruction de *Géla* par le tyran Phinthias, c'est-à-dire, à l'an 282
avant notre ère (6). Des monumens également anciens et authen-

---

(1) *De præstant. et usu numismat.* t. I,
dissertat. 2.

(2) *Miscellan.* pag. 261.

(3) *Palæograph. græc.* lib. II, c. 6.

(4) Voy. les *Recherches sur les arts,* &c.,
tom. II, pag. 193.

(5) *Veter. Panormit. inscript.* pag. 237,
et *Sicil. veter. inscript. nov. collect.* cl. VIII,
n.º 3, pag. 78.

(6) *Histoire critique de l'établissement
des Colon. grecq.* tom. III, pag. 249-250.

tiques, tels que ceux qu'a publiés le P. PACCIAUDI (1), présentent la même particularité que l'abbé BARTHÉLEMY avoit aussi constatée dans sa docte *Explication de la mosaïque de Palestrine ;* et s'il falloit encore une nouvelle preuve à l'appui de toutes celles que je viens d'indiquer, j'observerois que le *sigma* gravé sur deux médailles de *Crotone* et de *Siris,* lesquelles sont certainement antérieures à l'an 723 avant notre ère (2), s'y présente sous la même forme carrée qu'il a dans le bouclier d'Archidame, et sur cette antique inscription d'*Athènes,* rapportée par CLARKE (3), dont l'original est actuellement en Angleterre. Mais je puis alléguer encore un témoignage plus direct ; et c'est avec votre aide, MYLORD, que je vais porter ce dernier coup à l'opinion de M. KNIGHT. Les inscriptions que vous avez trouvées dans les ruines d'*Amycles,* et communiquées, par un dessin élégant et fidèle, à tout le monde savant, nous offrent le *sigma* sous cette forme arrondie c, qu'avoit conservée la copie de FOURMONT, publiée par M. DE CAYLUS (4). A la vérité, rien n'indique d'une manière positive l'âge de ces inscriptions amycléennes ; mais vous n'ignorez pas, MYLORD, qu'il est d'autres signes d'antiquité que

(1) *Monum. Pelopon.* tom. II, p. 258-259. Un antiquaire italien, LUPI (*Epist. S. Sever. martyr. illustrat.* §. XV) avoit déjà, suivant l'observation du P. PACCIAUDI, soupçonné ce point de paléographie.

(2) D'HANCARVILLE, *ouvrage cité,* t. II, pag. 460-461, pl. XXX, n.os 8 et 9. ECKHEL remarque (*Doctr. num.* tom. I, pag. 97) qu'un E arrondi se trouve sur les médailles étrusques de *Tuder* (vid. ARIGON. *Num. etrusc.* tab. XII); et cette remarque mérite ici d'autant plus de confiance, que cet habile antiquaire partageoit alors (car il l'a rétractée depuis, *Doctr. num.* tom. II, p. 255), sur l'emploi récent de l'E arrondi, l'opinion ou plutôt l'erreur commune. Nous avons au cabinet du ROI des médailles de *Tarente* et d'*Agyrium* avec la légende TAPAC, et les noms de magistrats APICTIΠΠOY et CΩΠATP, dans lesquels la forme du *sigma* est arrondie comme celle du C romain ; et la fabrique de ces médailles est certainement plus ancienne que celle des monnoies frappées sous les Romains, puisque le droit même de battre monnoie cessa à *Tarente,* à partir de l'an de Rome 632, époque où elle reçut une colonie romaine (VELL. PATERCUL. I. 1, cap. 115).

(3) CLARKE's *Travels,* part. II, sect. 2, pag. 593.

(4) *Recueil d'Antiq.* t. I, p. 64, pl. XX.

C 2

ceux qui résultent de l'énoncé d'une date ou d'un événement;
et certes, vous ne contesterez pas que la forme de ces inscriptions, les ornemens qui les accompagnent, le culte dont elles
sont un monument, ne concourent à leur assigner une époque
plus ancienne que celle des empereurs romains, sous lesquels
seuls M. KNIGHT a prétendu que s'étoit introduit l'usage de cette
forme de lettre. Il ne sauroit donc y avoir le moindre doute sur
l'ancien emploi du *sigma* ε ou c, et de l'*epsilon* ϵ, et l'erreur
contraire a déjà été corrigée, du moins relativement à cette dernière lettre, dans la Table du D.ʳ MORTON (1). Mais ce qui est
bien important à observer, et ce que D'HANCARVILLE avoit remarqué avant moi, c'est qu'à l'époque où FOURMONT recueillit
ses inscriptions, la plupart des monumens qui ont contredit et
réformé l'opinion des savans, touchant l'emploi de ces deux caractères, étoient encore ignorés, et que, par conséquent, il partà-
geoit lui-même une erreur alors généralement accréditée. Si donc
il eût fabriqué ces inscriptions, il se fût bien gardé d'y faire paroître le *sigma* sous une forme que tout le monde, à cette époque,
croyoit moderne ; et puisqu'en les publiant telles que nous les
avons, il ne s'est point conformé à l'opinion de son temps et probablement à la sienne propre, il nous a donné, sans y songer et
sans le vouloir, la preuve la plus péremptoire de son extrême
fidélité dans la transcription des monumens. Ainsi l'ignorance de
FOURMONT devient ici un argument de plus en faveur de l'authenticité de ses inscriptions. Mais que dirons-nous de la bonne foi de
M. KNIGHT, homme si versé dans la connoissance des médailles
et des monumens paléographiques, qui s'en va reproduire, sans
alléguer un seul fait nouveau à l'appui, une opinion dont il ne
peut ignorer la fausseté (2), que les monumens publiés par D'HAN-

(1) *Tabul. litterar. alphab.* EDWARD. | London, 1759.
BERNARDI, *denuò edita à* D. MORTON. | (2) M. KNIGHT connoît certainement

CARVILLE, le P. PACCIAUDI, l'abbé BARTHÉLEMY, le prince de
TORREMUZZA, rendent désormais insoutenable, et qui fait, de
cette opinion, depuis long-temps ruinée, un argument contre
l'authenticité des inscriptions qui concourent à la détruire ?

IV. *Le* sigma *des plus anciennes inscriptions,* continue M. KNIGHT,
est pris, à la vérité, des anciennes médailles de Gortyne *en Crète,
sur lesquelles nous lisons le mot* ꟻΝΥΤ4Ο˥, *que* FOURMONT *prenoit
pour* ΓΟΡΤΥΝꟻ. Il y a tout-à-la-fois, dans cette assertion, supposition gratuite et erreur matérielle. D'après quel fondement
M. KNIGHT impute-t-il à FOURMONT l'idée de ce nom barbare,
ΓΟΡΤΥΝꟻ ? et par quelle injustice faut-il que celui-ci soit responsable, non-seulement des fautes qu'il a commises, mais
encore de toutes celles qu'on lui prête ? FOURMONT n'avoit pas
besoin de prendre l'*iota* des médailles de *Gortyne,* pour en faire
le *sigma* des inscriptions d'*Amycles,* puisque le *sigma* paroît sous
cette même forme, ꟻ, dans plusieurs anciennes médailles d'*Italie*
et de *Sicile* (1), notamment dans celles de *Fistulis,* de *Siris,* et dans
deux médailles de *Syracuses,* dont l'une est publiée dans l'ouvrage
même de M. KNIGHT (2), et l'autre, encore inédite, fait partie de
la belle collection de M. GOSSELLIN (3). On trouve un *sigma* d'une
forme à peu près semblable, dans des monnoies également antiques, portant pour légende ΩΡΗꟻΚΙΩΝ (4), lesquelles ont été
attribuées par M. KNIGHT à l'île de *Lesbos,* mais qui appartiennent
plus probablement à la *Macédoine,* et dont je reparlerai plus bas.

mieux que personne, la réfutation que D'HANCARVILLE avoit faite de cette objection ; et en la reproduisant sans y rien ajouter, il mérite que je lui applique le reproche fait par TORREMUZZA (*Prolegomen.* pag. 45) à HIERONYM. A BENNETTIS, qui, plus récemment, n'a pas craint de soutenir *obsoletam hanc senten-*
tiam (*Chronol. et Critic. hist. sac. et prof.* vol. I, pag. 52, Rom. 1766).

(1) D'HANCARVILLE, *ouvrage cité,* t. II, pl. XXIV et XXX, 9.

(2) *Analys. of greek alphab.* pl. I, n.° 5.

(3) Voy. notre pl. I, n.° 4.

(4) Voy. même pl. n.ᵒˢ 1-2.

C'est donc un fait incontestable, et prouvé par les médailles, que l'une des plus anciennes formes du *sigma* ait été celle-ci, ⌠ ; et ce fait est encore confirmé par les inscriptions qui, par leur date, se rapprochent le plus de celle des monumens que j'ai cités, et à la tête desquels il faut placer le *marbre de Sigée* (1). Or M. KNIGHT ne peut ignorer que, des trois formes différentes données à cette lettre dans la première inscription de *Sigée*, il en est une qui, comme celle des prétendues médailles de *Lesbos*, approche beaucoup de la forme adoptée sur les inscriptions d'*Amycles*; et qu'une forme absolument semblable se trouve dans la seconde inscription, gravée, comme tout le monde en convient, à une époque postérieure de peu d'années (2); et sur une inscription insérée dans le *Trésor* de MURATORI (3), dont l'original est en Angleterre. Le marbre de *Sigée*, à peine publié vers l'époque où FOURMONT voyagea dans la Grèce, lui étoit resté probablement inconnu, et la vue seule des monumens laconiens put lui faire connoître cette forme nouvelle, qui ne se trouvoit jusqu'alors que sur quelques médailles extrêmement rares, éparses dans les cabinets des curieux, ou même encore inédites. Enfin, que pourroit opposer la critique la plus rigoureuse au témoignage d'une ancienne inscription éléenne, apportée de la Grèce, en 1813, par M. GELL, et publiée par M. KNIGHT lui-même (4), et dans laquelle le sigma est alternativement représenté sous la double forme ⌠ et ⌡, dont la première est celle des médailles des *Orescii*, et la seconde, qui s'y trouve beaucoup plus souvent reproduite, est la forme même suivie dans les inscriptions de FOURMONT? L'exacte conformité de tous ces anciens monumens avec ceux qu'a publiés FOURMONT,

(1) *Ap.* CHISHULL, *Ant. Asiat.* pl. IV.
(2) La distance entre les dates de ces deux inscriptions est estimée de *cinquante ans* par M. KNIGHT lui-même, *Analys. of greek alphab.* pag. 18.
(3) MURATOR. *Thesaur.* t. II, p. 172; COURT DE GÉBELIN, *Origine du Langage*, pag. 475.
(4) Voy. *Classical Journal*, n.° XXV, pag. 113-119.

est donc encore une preuve de l'authenticité de ces derniers, à moins qu'il ne faille renoncer à tous les principes de raisonnement et de critique admis jusqu'à ce jour.

Je puis maintenant regarder comme détruite l'objection que M. KNIGHT tiroit de la prétendue similitude des caractères dans des inscriptions gravées à des époques très-éloignées l'une de l'autre, et je pourrois par conséquent me dispenser de répondre aux observations par lesquelles il a cru fortifier cette objection. Je ne veux pas cependant lui laisser la ressource de croire que mon silence en ce cas provienne de mon assentiment. Il prétend que les marbres de FOURMONT sont loin de représenter complétement toutes les révolutions que la langue et l'écriture durent éprouver à *Sparte* pendant la longue période qu'embrassent ces inscriptions, et il soutient que *deux fois le système d'écrire y fut changé totalement*, d'abord par l'invasion des Doriens, ensuite par les institutions de Lycurgue. Mais où le critique a-t-il trouvé la preuve de ces deux assertions si absolues ? Jusqu'à ce qu'il ait exposé les motifs de son opinion, j'oserai m'en éloigner, et je me permettrai d'observer, à mon tour, qu'il ne paroît pas que l'invasion des Doriens ait produit les grands changemens qu'on lui attribue. Les Doriens proprement dits formoient la partie la moins nombreuse de l'expédition qui, sous les ordres des *Héraclides*, entreprit la conquête du *Péloponnèse* (1); et cette tribu, jusqu'alors peu connue et peu puissante, puisqu'elle n'est pas mentionnée par HOMÈRE (2) au nombre des peuples grecs, se divisa encore en trois portions qui s'établirent, sous trois chefs différens, en *Laconie*, en *Argolide* et en *Messénie*. Par suite de leur petit nombre primitif et de la foiblesse où les avoit encore réduits ce partage, les Doriens, particulièrement ceux qui occu-

(1) *Histoire crit. de l'établiss. des Colon.* grecq. tom. III, pag. 5-6.

(2) Voy. le *Catalogue* d'HOMÈRE (*Iliad.* liv. II, v. 495 et suiv.).

pèrent *Lacédémone*, furent obligés de laisser les premiers habitans en possession de leurs terres (1); ce ne fut que lentement
et avec peine qu'ils parvinrent à chasser les Achéens-Éoliens,
maîtres de la meilleure partie de leur territoire ; et l'on sait que
Phares, Géronthres et *Amycles* ne tombèrent au pouvoir des Doriens que sous le règne de Téléclus (2), l'un des rois nommés
dans les inscriptions de FOURMONT, et qui vivoit encore vers la
1.re olympiade, 776 ans avant J. C. L'influence exercée par
un peuple qui fut, pour ainsi dire, perdu au milieu de la nation conquise, ne put donc être bien considérable, sur-tout si
l'on réfléchit que le dialecte des Doriens vainqueurs avoit les
rapports les plus intimes avec celui des Achéens, comme eux, par-
tis originairement de la *Thessalie* et issus d'une race éolienne (3).
Ainsi tout nous autorise à croire que, satisfaits de l'empire
qu'ils obtinrent sur la *Laconie*, les Héraclides n'opérèrent point
dans les mœurs et les habitudes de leurs sujets cette révolution
violente qu'on leur attribue ; ou, du moins, pour être en droit
de l'assurer, il faudroit des témoignages formels, et l'histoire
n'en fournit aucun. La seconde assertion du critique, qui prétend que l'institution de Lycurgue renouvela entièrement le langage et l'écriture usités avant lui à *Sparte*, ne me semble pas
mieux fondée. Aucun des auteurs qui ont décrit les effets de la
révolution politique opérée par Lycurgue, n'articule, à ma connoissance, un fait semblable, ni rien qui en approche. L'atta-
chement aux anciennes pratiques étoit, au contraire, le principe et le résultat de la législation de ce grand homme; il ne
voulut innover que le moins possible; et, pour que ses lois
trouvassent leur plus ferme appui dans les mœurs mêmes des

(1) CLAVIER, *Histoire des premiers* | (3) STRABON. *Geograph.* lib. VIII,
temps de la Grèce, tom. II, pag. 98-102. | pag. 365 et 383.
(2) PAUSANIAS, lib. III, cap. 2. |

citoyens,

citoyens, il refusa d'en laisser aucune par écrit, si ce n'est celle qui défendoit de se servir de lois écrites. PLUTARQUE, qui nous apprend cette particularité (1), nous a conservé (2) un *décret* du temps de Lycurgue, dont la diction, quoique dans le dialecte propre aux Spartiates, ne diffère point sensiblement de quelques autres actes rédigés en ce même dialecte, à des époques bien plus récentes (3). En un mot, je ne vois et n'imagine aucune raison de croire que Lycurgue, qui avoit à faire des changemens bien plus importans et bien plus nécessaires, ait opéré celui qu'on lui attribue; je trouve même plus de probabilité dans l'opinion contraire : mais enfin, puisque M. KNIGHT l'assure, il faudroit au moins qu'il le prouvât, et c'est ce qu'il n'a point fait.

Les objections de M. KNIGHT sur la forme inusitée des bou-cliers, sur la manière non moins insolite dont les titres des magistrats sont écrits en plus gros caractères que ceux qui sont employés pour leurs noms, sont peut-être plus spécieuses, et ne sont réellement pas plus solides. Pouvons-nous nous flatter de connoître assez bien tous les usages des Grecs, à des époques aussi reculées, pour que nous soyons en droit d'assurer que tel monument est faux, parce qu'il nous offre une pratique nouvelle? et cette observation n'a-t-elle pas plus de force encore, lorsqu'il s'agit des habitans de la *Laconie*, contrée de tout temps inhos-pitalière, dont les mœurs et les institutions, tout étranges et bi-zarres qu'elles devoient paroître aux autres peuples de la Grèce, et dignes, à ce seul titre, d'attirer toute leur attention, ne purent cependant être connues pleinement de leurs plus doctes écri-vains, aux époques les plus éclairées de leur histoire? Que de contradictions, en effet, entre HÉRODOTE, THUCYDIDE et XÉ-NOPHON, sur les points les plus importans de l'administration de

____

(1) PLUTARCH. *in Lycurg.* S. XIII.   (3) *Apud* THUCYDID. lib. V., c. 77,
(2) *Id. ibid.* S. VI.   79, et alibi.

D

Sparte, et sur des faits qu'une expérience journalière eût dû
rendre à leurs yeux d'une certitude incontestable ! Je me contenterai d'en citer un seul exemple. Les *Chevaliers*, qui formoient
la garde particulière des rois de *Sparte* en temps de guerre, n'é-
toient qu'au nombre de *cent*, selon HÉRODOTE (1) ; ils étoient *trois
cents*, suivant THUCYDIDE (2). Il est impossible de supposer que,
dans l'intervalle si court qui sépare ces deux témoignages si différens, le corps des *Chevaliers* ait été triplé ; et cette supposition
et l'assertion d'HÉRODOTE sont d'ailleurs pareillement démenties
par les témoignages de XÉNOPHON (3) et de PLUTARQUE (4). Voilà
donc une contradiction grave entre deux historiens également
dignes de foi, et sur un fait que le moins habile de leurs contemporains eût pu, à ce qu'il semble, facilement vérifier ; car, à
cette époque, les Grecs, et sur-tout les Athéniens, s'étoient
mêlés assez souvent sur les champs de bataille avec les Spartiates,
soit comme ennemis, soit comme auxiliaires, pour savoir si les
rois de *Lacédémone* avoient autour de leur personne trois cents
Chevaliers, ou cent seulement. Pouvons-nous nous étonner, d'a-
près cela, que les historiens aient négligé de s'instruire et de nous
informer si la forme des boucliers spartiates étoit anciennement
ronde ou *ovale* ! Est-il d'ailleurs bien conséquent d'objecter contre
les boucliers de FOURMONT, qu'ils ne semblent pas, *dans leur forme
absurde et imaginaire*, avoir été propres à servir de défense,
quand on sait que ces boucliers, faits de pierre, chargés de caractères, et consacrés dans un temple, furent destinés à servir de
trophée, et non pas de *défense !* et doit-on trouver étrange qu'employés à cet usage, ils aient reçu une forme différente de celle

(1) HEROD. lib. VI, cap. 56. Il se
contredit lui-même ailleurs, lib. VII,
c. 205, et lib. VIII, c. 124. Vid. *Not.*
SCHWEIGHÆUS. tom. VI.

(2) THUCYDID. lib. V, cap. 72.
(3) XÉNOPHON. *De repub. Lacedæm.*
cap. VI.
(4) PLUTARCH. *in Lycurg.* §. XXV.

des boucliers qu'on portoit à la guerre (1)? La manière dont les titres des magistrats sont écrits en caractères plus gros que ceux du reste de l'inscription, *est absolument sans exemple dans les monumens de l'antiquité,* dit encore M. KNIGHT avec ce ton d'assurance qui lui est propre, et qui sans doute n'a pas peu contribué à imposer à ses lecteurs. Il est bien vrai que cette méthode est peu usitée, mais il ne l'est point qu'elle soit *absolument sans exemple :* j'en indiquerai un à M. KNIGHT, que sans doute il ne sera point tenté de récuser; je le prends dans les marbres de CHANDLER (2), où le titre ΑΙΣΙΤΟΙ, c'est-à-dire, des citoyens nourris au Prytanée et aux frais de l'État, se lit au-dessus de leurs noms en gros et très-gros caractères. Je ne doute pas qu'en feuilletant plus à loisir les recueils d'inscriptions, on n'en trouvât encore d'autres exemples; et, n'en existât-il aucun, ce ne seroit pas une raison suffisante d'affirmer que cette pratique ait été inusitée; car à peine une foible partie des monumens anciens est parvenue jusqu'à nous, et chaque jour on en déterre qui donnent le plus haut démenti aux imprudentes assertions des critiques modernes. Enfin M. KNIGHT va jusqu'à trouver mauvais qu'une inscription d'*Amycles* soit fracturée d'une manière plutôt que d'une autre; il s'étonne de ce que *les fentes y sont artistement et régulièrement figurées :* mais j'avoue que j'admire, à mon tour, que la critique de M. KNIGHT ait pu descendre à de pareilles observations. Il eût donc fallu, pour lui plaire, que ces inscriptions fussent mutilées de manière à ne pouvoir être lisibles; c'est-à-dire que, pour les trouver bonnes à quelque chose, il eût voulu qu'elles n'eussent pu servir à rien. Je suppose encore qu'en cet endroit M. KNIGHT a voulu se divertir un peu, en égayant de quelque plaisanterie une discussion si sévère.

Abandonnons donc, avec M. KNIGHT lui-même, ce champ de

(1) Voyez, à l'*Appendice*, une note à ce sujet. (2) *Inscript. antiq.* part. II.

D 2

conjectures plus ou moins hasardées et d'assertions plus ou moins téméraires, qui, jusqu'à présent, n'ont pu porter une seule atteinte réelle à l'authenticité des monumens de FOURMONT. Mais voici une objection qui se présente avec une autorité imposante et des conséquences terribles. Transcrivons le passage même de M. KNIGHT, pour ne point affoiblir dans une analyse la force des inductions qu'il en tire :

« Le plus ancien de ces monumens est un temple ou chapelle
» dédié à la déesse ONGA ou OGA, que FOURMONT prétend avoir
» découvert, mais qu'aucun autre voyageur n'a été capable de
» retrouver, nonobstant la solidité et la masse de cette antique
» construction. Comme cette chapelle est supposée avoir été dé-
» diée au temps du roi *Eurotas* (1), le beau-père de *Lacedæmon*,
» qui donna son nom à la ville de *Lacédémone*, il étoit de toute
» nécessité de trouver quelque autre nom pour les *Lacédémoniens*
» dans l'inscription du temple. MEURSIUS est heureusement venu
» au secours de l'antiquaire. Dans le texte d'HESYCHIUS, tel
» qu'on le lisoit de son temps, il trouva Ικτευκρατεις Λακωνες,
» d'où il conclut que *Icteucrates*, ou *Ictéocrates*, étoit l'ancien
» nom des habitans de la *Laconie*. FOURMONT conséquemment
» adopta ce nom avec une légère altération, et donna ces mots,
» ΟΓΑΙ ΙΚΕΤΕΡΚΕΡΑΤΕΕΣ, pour inscription titulaire à la chapelle
» d'OGA ; mais depuis on a reconnu que ce nom est purement
» l'effet de la méprise d'un copiste, qui transforma deux mots,

(1) Je remarque ici, une fois pour toutes, qu'il n'est point parlé d'*Eurotas* dans l'inscription même que FOURMONT a rapportée. Ce ne peut être que par conjecture que celui-ci a nommé *Eurotas* comme l'auteur du temple et de l'inscription consacrés à *Oga*; et une supposition de FOURMONT ne sembloit pas mériter l'honneur que lui fait toujours M. KNIGHT de la citer comme faisant partie du monument original. D'où vient donc que M. KNIGHT, critique si exact en toute occasion, accorde sur ce point sa confiance à FOURMONT, ou, du moins, ne paroît pas même soupçonner que ce dernier se soit trompé dans sa conjecture sur *Eurotas*, comme dans sa leçon Ικτευκρατες!

» dont l'un est le synonyme ou l'interprétation de l'autre, en un
» seul nom; si bien que, suivant la remarque des derniers édit-
» teurs d'Hesychius, on lit aujourd'hui dans le texte de ce lexi-
» cographe, Ικτευ', κρατει, Λακωνες, au lieu de Ικτευκρατεις;
» Λακωνες. » Voilà l'objection entière de M. Knight, de laquelle
il résulte que, *dans ce cas*, Fourmont auroit forgé pour un temple
imaginaire une inscription fautive, d'après le texte corrompu
d'un lexicographe moderne. Le reproche, s'il étoit fondé dans
toute son étendue, seroit de nature à compromettre gravement
l'honneur de Fourmont et la confiance due à ses monumens; et
comme c'est le plus fort argument qu'ait pu alléguer M. Knight
à l'appui de son opinion, l'importance dont il est dans la question que j'examine, exige que j'y réponde avec quelque détail.

Le temple de la déesse *Oga*, dont Fourmont décrit la forme
et donne les proportions, n'a-t-il existé entièrement que dans
l'imagination de ce voyageur? M. Knight le suppose; et vous-
même, Mylord, qui avez parcouru récemment les environs de
Sparte et foulé le sol d'*Amycles*, vous assurez que cet ancien
édifice a *malheureusement disparu* (1). C'est cependant votre propre
témoignage que j'oserai attester ici, pour prouver que la découverte de Fourmont n'étoit pas tout-à-fait imaginaire. Vous dites
vous-même, Mylord, et je traduis fidèlement vos expressions:
*Le véritable édifice, quoique dépouillé de cet ancien et vénérable carac-
tère, EXISTE ENCORE sous la forme d'une chapelle grecque moderne,
dans laquelle Fourmont, s'il a été lui-même réellement à* Sparte,
peut avoir vu les marbres que j'y ai trouvés en 1803. Ainsi, de votre
aveu, il existe, sur le sol actuel d'*Amycles*, une *construction antique* transformée en une chapelle grecque moderne, mais dont
la première forme et le caractère original ne sont pas entièrement abolis, puisqu'on y a retrouvé des traces d'un culte ancien

(1) Voyez la note 3, à l'*Appendice*.

et des inscriptions relatives aux ministres de ce culte. Pourquoi refuseriez-vous, MYLORD, de reconnoître à tous ces traits la chapelle dont FOURMONT se vante d'avoir fait la découverte, et qui, depuis cette époque jusqu'à celle où vous avez vous-même visité la Grèce, c'est-à-dire, dans un intervalle de plus de quatre-vingts ans, a pu fort bien être consacrée au culte actuel des Grecs, et perdre, dans cette métamorphose dont il existe tant d'exemples, quelques-uns des caractères qu'elle conservoit encore au temps de FOURMONT, comme, entre autres, cette inscription dédicatoire à *Oga*, qui ne se voit plus aujourd'hui, et qui est évidemment la première chose que des chrétiens grecs aient dû faire disparoître, en appliquant cette construction à l'usage de leur culte ? Que n'avez-vous, MYLORD, pour convaincre FOURMONT de fraude et d'imposture, donné vous-même les proportions de cet antique édifice, et indiqué, d'après les traces qui en subsistent, son état originaire ? Il eût été plus utile pour le monde savant, et permettez-moi d'ajouter, plus digne de vous, d'administrer, par un plan fidèle et un dessin exact, la preuve d'un *impudent mensonge,* que de prendre la peine de le qualifier ainsi vous-même. Comment pouvez-vous douter que FOURMONT ait réellement visité ce lieu, quand les inscriptions que vous y avez trouvées, sont *exactement les mêmes* que FOURMONT en a rapportées, et que le comte DE CAYLUS a publiées *soixante-un ans* avant vous (1) ? Voici ces deux inscriptions, telles qu'elles sont dans le recueil de CAYLUS, et dans celui de M. TH. WALPOLE, auquel vous les avez communiquées (2) :

ΑΝΘΟΥCΗ ΔΑΜΑΙΝΕΤΟΥ ΤΠΟCΤΑΤΡΙΑ,

et

ΛΑΤΑΓΗΤΑ Α ΝΤΙΠΑΤΡΟΥ ΙΕΡΕΙΑ.

(1) CAYLUS, *Rec. d'Antiq.* t. I, p. 64.   (2) *Memoirs relating &c.* pag. 446.

On nè peut vous refuser, MYLORD, le mérite d'avoir, sans doute contre votre attente, fourni une preuve incontestable de l'exactitude de FOURMONT, puisque, dans sa copie, comme dans la vôtre, les caractères des deux inscriptions sont absolument les mêmes, et disposés dans le même ordre circulaire. A la vérité, les ornemens dont ces inscriptions sont accompagnées, diffèrent dans votre dessin et dans celui de FOURMONT. Celui-ci avoit cru y voir des instrumens propres à un sacrifice, et vous y avez réellement vu (car je veux bien croire que vous n'y avez point été trompé vous-même) des objets propres à la toilette et à la parure des femmes : choses effectivement très-différentes. Mais que prouve l'inexactitude de FOURMONT sur ce point? c'est que, nullement doué du goût et étranger à la pratique des arts du dessin, réduit d'ailleurs, pour toute ressource, à l'assistance de son neveu, aussi peu exercé et plus ignorant encore que lui dans la transcription des monumens qui s'y rapportent, FOURMONT s'étoit contenté de prendre de ces ornemens un croquis grossier et superficiel, qu'à son retour à *Paris* il a fait rectifier, ou plutôt, achevé de faire dénaturer par un artiste de profession, tandis que vous, MYLORD, accompagné de personnes capables de faire sur les lieux un dessin exact et soigné, vous avez rapporté une représentation fidèle, dans toutes ses parties, du monument original. FOURMONT n'estimoit et ne cherchoit dans la Grèce que des inscriptions ; c'étoit pour en remplir des porte-feuilles, qu'il s'étoit exilé de sa patrie : les monumens des arts n'avoient aucun charme, aucune importance, à ses yeux ; et il n'y jetoit, en passant, qu'un coup-d'œil distrait et rapide. Faut-il s'étonner, d'après cela, que, satisfait d'avoir exactement copié les deux inscriptions, il ait négligé et manqué le dessin d'ornemens accessoires, à demi effacés par la vétusté, et, d'ailleurs, peu intéressans pour lui? Je trouve donc, MYLORD, dans la comparaison que vous nous avez mis à portée de faire, la preuve tout-à-la-fois et des éloges et des reproches qu'on peut adresser à FOURMONT : fidélité dans la transcription des *monumens écrits*, puisque l'un de ces monumens offre un mot entièrement nouveau, inconnu à tous les lexicographes, le mot ὑπο-ϛάιρία, que FOURMONT étoit probablement incapable d'entendre, et encore plus de forger ; et inexactitude dans le dessin des *monumens de l'art*, qu'il étoit aussi peu capable d'apprécier, et tout-à-fait inhabile à reproduire.

Comment concilier, cependant, cette exactitude que nous attribuons à FOURMONT, et dont vous avez fourni, MYLORD, un témoignage irrécusable, avec l'inscription des *Ictéocrates !* Cette partie de l'objection est restée dans toute sa force, et je dois y répondre. Je ne dirai point à M. KNIGHT, ce qu'un critique de mauvaise foi pourroit lui dire, que la correction faite au texte d'HESYCHIUS n'est peut-être pas aussi certaine qu'elle le paroît à lui-même, et que, toute prévention mise à part, l'autorité d'un monument ancien devroit prévaloir sur la conjecture même la plus ingénieuse et la plus probable d'un critique moderne, de M. KNIGHT, par exemple. Mais ce raisonnement ne convaincroit personne, et ne me satisferoit pas moi-même. J'avouerai donc que FOURMONT a mal lu et mal représenté cette inscription ; que, trompé par le rapport qu'offroient plusieurs des caractères qui la composoient, avec le prétendu nom des *Ictéocrates,* adopté par MEURSIUS, il a cru reconnoître ces *Ictéocrates* dans un mot où un examen plus attentif et un œil plus éclairé auroient probablement découvert un nom différent, quoique formé d'élémens à peu près semblables. Mais que faut-il conclure d'une méprise dans laquelle il étoit si facile de se laisser entraîner, pour un homme médiocrement versé dans l'art de déchiffrer les inscriptions antiques,

antiques, et imbu, d'ailleurs, de l'opinion alors générale touchant l'existence de ce peuple *Ictéocrate !* FOURMONT est-il donc le seul à qui il soit arrivé de mal lire et de plus mal interpréter des monumens presque effacés par le temps ? Est-il même le seul qui, croyant de bonne foi avoir restitué la vraie leçon cachée dans un mot altéré, a eu le tort de donner comme faisant partie du monument original, le fruit de cette restitution hypothétique? Que d'exemples on pourroit alléguer de pareilles erreurs dans les écrits des plus habiles antiquaires (1)! erreurs dont on s'est contenté d'indiquer l'origine et d'arrêter le cours, sans que jamais personne ait songé à faire un crime à ces savans de ce que, trompés par de fausses copies, ou même abusés, en présence du monument original, par leurs propres idées, ils avoient cherché à en restituer des leçons, à en remplir des lacunes, à en donner enfin des explications dont une copie correcte a démontré plus tard le vice ou l'insuffisance.

FOURMONT a donc mal lu l'inscription du temple d'*Oga;* et l'interprétation qu'il en a donnée est vicieuse, comme le texte qui lui sert de base : voilà ce que je ne fais aucune difficulté de reconnoître. Mais s'ensuit-il de ce *seul* fait que *toutes* ses autres inscriptions soient forgées, ou même que celle-là soit entièrement de son invention ! Ce seroit assurément une con-

---

(1) Ainsi, quand CHANDLER (*Inscr. antiq.* part. II, pag. 37) lisoit ΠΟΛΕΣ, mot barbare, au lieu de ΒΟΛΕΣ, que devoit offrir le monument original, et que, d'après une nouvelle inspection du marbre faite à la demande de l'abbé BARTHÉLEMY (*Explication du marbre de CHOISEUL*, p. 18), il fut reconnu que les deux premières lettres ΠΟ, que CHANDLER avoit données par conjecture, manquoient réellement sur le marbre, on eût pu accuser CHANDLER d'une mauvaise interprétation, et, qui pis est, de mauvaise foi en ce point; mais, supposé que le marbre ne se fût point retrouvé, on auroit eu tort de révoquer en doute l'authenticité du monument en lui même, qui, dans aucun cas, ne devoit être responsable des fautes de l'interprète. Il y a mille exemples de ce genre à citer, et l'on m'excusera sans doute de me borner à celui-là.

E

clusion fort étrange ; et avec une pareille méthode d'induction, il n'est presque pas de monumens au monde dont on ne pût contester l'authenticité, puisqu'il n'en est point qui ne renfermât, dans l'état où il nous est parvenu, plus ou moins de fautes matérielles ou d'erreurs manifestes, fruits de la préoccupation ou de l'ignorance de ceux qui nous les ont transmis. C'est à corriger ces fautes, à faire disparoître ou à expliquer ces erreurs, que consiste le travail de la vraie critique ; et, en considérant les inscriptions de FOURMONT comme des copies plus ou moins fidèles des monumens originaux, on n'eût dû s'attacher qu'à en constater les leçons certaines et indiquer les douteuses, sans tenir aucun compte des interprétations souvent erronées de FOURMONT lui-même, de ses traductions souvent ridicules, et sur-tout sans rejeter le monument entier, parce qu'il s'y seroit glissé une faute, ou qu'il s'y trouveroit une contradiction avec quelque autre monument ; car, je le répète, quel est le texte ancien qui sortît victorieux d'une pareille épreuve, si l'on tentoit de l'y soumettre?

Les principes de critique que je viens d'exposer, et que je crois ne devoir être contredits par personne, faisoient donc une loi à M. KNIGHT de chercher à rétablir la leçon primitive de l'inscription d'*Oga*, après avoir reconnu l'erreur qu'elle renferme dans son état actuel : il pouvoit même, faute de mieux, se borner à cette dernière opération ; car il n'est pas donné à tout le monde de procéder de la découverte du faux à celle du vrai. Mais c'étoit aller contre toutes les règles, que de rejeter une inscription, parce que quelques lettres y avoient été mal lues ou imprudemment ajoutées ; et je doute que M. KNIGHT, tout ingénieux qu'il est dans ses raisonnemens, en puisse jamais trouver un qui justifie une semblable licence. J'essaierai, à son défaut, de restituer l'inscription qu'il a jugé plus simple et qu'il étoit en effet plus commode de condamner d'un trait de plume,

en déclarant toutefois que je ne m'y crois point obligé, et sur-
tout en regrettant qu'il ne l'ait point fait lui-même.

Le nom du peuple nommé sur l'inscription d'*Oga* devoit offrir
à peu près les mêmes élémens que le mot ΙΚΕΤΕΡΚΕΡΑΤΕΕΣ que
Fourmont a cru y lire : la conjecture qui s'éloignera le moins de
cette leçon, devra donc paroître la plus probable. Je propose
de substituer à ce mot corrompu celui de ΕΤΕΟΚΑΡΕΣ, dont il
est facile de justifier ici l'emploi. On connoît, par le témoignage
de Diodore de Sicile (1), les Ἐτεοκρῆτες ou *Crétois primitifs;* on
connoît également, par d'autres auteurs, les Ἐτεοβουτάδαι ou *les
vrais et anciens descendans de Butès*, famille puissante et considérée
à *Athènes* (2). Ἐτεοκᾶρες signifieroit donc, sur notre inscription, *les
vrais, les anciens Cariens*, et il ne resteroit plus qu'à prouver que
les *Cariens* furent au nombre des habitans primitifs de la *Laconie*.
Quoique le nom des *Cariens* ne commence à paroître dans l'histoire comme celui d'une nation puissante, que vers l'époque de
Minos II, à laquelle on les trouve répandus dans les îles de la
mer *Égée* (3), l'origine de ce nom et de ce peuple appartient réellement à des temps plus anciens. Ils avoient la même extraction
et parloient le même dialecte que les *Léléges*, suivant Strabon (4);
c'est-à-dire qu'ils étoient une des tribus de cette grande nation
pélasgique qui avoit couvert autrefois tout le sol de la Grèce.
On doit croire (5) que l'idiome commun de ces peuples étoit
l'ancien éolien, et que la *Béotie* avoit été l'une de leurs premières
demeures. On retrouve des traces des émigrations des *Cariens*,
en particulier, dans l'*Attique*, où l'une des plus puissantes et des

(1) Diod. Sic. *Biblioth.* l. v, c. 64;
add. Strabon. lib. x, p. 729, éd. Almel.
Eustath. *ad Homer.* pag. 1861.
(2) Harpocrat. v. Ἐτεοβουτάδαι.
(3) *Conf.* Thucydid. lib. 1, c. 8;
Isocr. *Helen. encom.* §. xxx, ed. Coray;

Conon. *Narrat.* 47; Serv. ad Æneïd.
lib. viii, v. 725.
(4) Strab. *Geograph.* l. xii, p. 858.
(5) C'est du moins l'opinion que j'ai
cru pouvoir soutenir (*Hist. crit. de l'établissem. des Colon. grecq.* t. I, p. 196-197).

plus anciennes familles sacrifioit au *Jupiter carien* (1) ; à *Mégares*,
nommée *ville des Cariens* dans les vers d'un vieux poète cité par
ATHÉNÉE (2), et dont la citadelle retint toujours le nom de *Caria*,
en mémoire de *Car*, fils de Phoronée, le chef mythologique
de ce peuple (3) ; enfin, à *Épidaure*, dont le nom primitif étoit
Ἐπίκαρος, à cause du séjour qu'y avoient fait les *Cariens*, suivant
ARISTOTE (4). Cette dernière ville se rapproche assez de la
Laconie, pour que nous puissions supposer que les *Cariens* avoient
aussi pénétré dans ce pays ; et plusieurs probabilités viennent à
l'appui d'une conjecture si naturelle. Les plus anciens habitans
de la *Laconie*, selon la tradition des Lacédémoniens eux-mêmes (5),
étoient les *Léléges*, peuples toujours unis aux *Cariens*, dans tous
les établissemens qu'ils formèrent et au-dedans de la Grèce et
hors de son sein. Suivant une autre tradition conservée par un
historien (6), la fondation de *Sparte* auroit été l'ouvrage des
Spartes, de ces fameux *enfans de la terre*, dans lesquels nous ne
devons voir sans doute, avec HÉSIODE (7), que les peuples indi-
gènes de la *Béotie*, chassés par Cadmus : interprétation qui confirme le fait du passage des *Cariens* en Laconie, et peut, en même
temps, nous fournir le motif et la date de cette émigration.
Enfin le nom de Καρικός porté par une rivière de la *Laconie*,
en témoignage du séjour que les *Cariens* avoient fait sur ses
bords (8), achève de donner à cette conjecture tout le degré de
probabilité dont est susceptible un fait mythologique. J'ajoute
que le culte d'*Oga*, dans la *Laconie*, confirme tous les rappro-

(1) HERODOT. lib. V, c. 66.
(2) ATHEN. *Deipnosoph.* lib. III, cap. 13.
(3) PAUSAN. lib. I, c. 40; STEPHAN. BYZ. v. Καρία.
(4) ARIST. *apud* STRABON. lib. VIII, pag. 374.

(5) *Apud* PAUSAN. lib. III, c. 1.
(6) TIMAGOR. *apud* STEPHAN. BYZ. v. Σπάρτη.
(7) HESIOD. *apud* STRABON. l. VII, p. 322.
(8) Schol. LYCOPHRON. *ad Cassandr.* v. 156.

chemens que je viens de faire. *Oga* ou *Onga*, divinité phéni-
cienne, fut honorée en *Béotie*; c'est un fait trop connu pour que
je m'arrête à en déduire ici les preuves (1): mais ce qui ne l'est
pas autant, c'est que le culte de cette divinité paroît avoir été
particulier aux *Cariens*. PAUSANIAS nous apprend, en effet, que la
déesse qui recevoit à *Mylasa* les hommages des *Cariens* de l'Asie
mineure, étoit la même que la *Minerve* ou que l'*Oga* des Béotiens, et que cette divinité étrangère se nommoit *Ogoa* (2). STRA-
BON, par une altération légère, qui n'est peut-être encore qu'une
faute de ses copistes, l'appelle *Osogo* (3), nom qui conserve
néanmoins des traces manifestes de son origine. Lorsque nous
trouvons ensuite, sur une antique inscription de *Laconie*, le
nom de cette déesse *Oga* joint à celui d'un peuple dont le nom,
quoique altéré, offre tant de rapports avec celui des *Cariens*, et
que le séjour des *Cariens* en ce même pays nous a paru prouvé
par des témoignages graves et des traditions respectables, ne
seroit-il pas bien étrange que tant de rapprochemens fussent
uniquement l'effet du hasard? ou bien, supposera-t-on que FOUR-
MONT avoit fait, de son côté, toutes ces recherches et combiné
lui-même tous ces faits pour forger son inscription? L'une et
l'autre induction me paroît trop absurde, je l'avoue, pour que
j'ose la prêter à aucun de mes lecteurs, et qu'il soit conséquemment nécessaire de la combattre.

Je crois avoir répondu aux objections faites contre l'inscription d'*Oga*, en montrant, 1.° que si cette inscription a été mal
lue par FOURMONT, ce n'est pas une raison d'en révoquer en
doute l'existence, à moins qu'on ne veuille rejeter de même les
monumens où se seroient glissées quelques fausses leçons par

---

(1) *Conf.* PAUSAN. lib. IX, cap. 12;
APOLLOD. l. III, c. 6, §. 6, ed. Clav.;
Schol. PINDAR. *ad Olymp. II,* v. 39-44.

(2) PAUSANIAS, lib. VIII, c. 10.
(3) STRABON. *Geograph.* lib. XIV,
pag. 659.

l'ignorance du premier interprète; 2.° que cette inscription peut être rétablie d'une manière qui concilie et explique tous les témoignages anciens, et au moyen d'un changement très-léger. Examinons maintenant les argumens par lesquels M. KNIGHT a cherché à inculper d'autres monumens de FOURMONT, et d'abord, transcrivons littéralement, comme il est juste, tout le passage du critique :

« L'inscription suivante est un catalogue ou une chronique des
» prêtresses d'*Amycles*, commençant vers la même époque (1);
» car *Léodamie*, petite-fille d'*Eurotas*, est la troisième prêtresse
» de cette liste. Par une singularité d'idiome, ces prêtresses sont
» appelées ΜΑΤΕΡΕΣ ΚΑΙ ΚΟΥΡΑΙ ΤΟΥ ΑΠΟΛΛΩΝΟΣ, titres pour les-
» quels ni l'abbé BARTHÉLEMY, ni l'auteur des *Recherches*, n'ont
» pu produire une seule autorité, quoique ces savans semblent
» avoir promené leurs regards sur tous les monumens connus
» de la langue grecque. Le dernier néanmoins a rappelé im-
» prudemment les titres qui correspondent à ceux-là dans les
» modernes couvens de *nonnes* en France, et a fourni ainsi une
» explication claire et indubitable. LES MÈRES ET LES FILLES DU
» BON DIEU étoient des expressions familières à l'esprit de FOUR-
» MONT, et il en a non-seulement adopté l'idée pour ses anciens
» IKTERKÉRATÉANS, mais, par un raffinement d'inconséquence et
» d'absurdité, il la leur a fait exprimer dans toute la crudité de
» son idiome natal. » Voilà aussi l'objection de M. KNIGHT ex-
posée dans toute la *crudité* de sa propre langue.

Je remarque, d'abord, que l'éditeur de cette *chronique d'Amycles*, si délicatement tournée en ridicule en quelques lignes, est

_____

(1) Assertion pour le moins hasardée, puisque le nom d'*Eurotas*, qui *seul* peut marquer la date de la précédente inscription, n'est point exprimé dans cette ins- cription. J'en ai déjà fait la remarque ; mais M. KNIGHT, en insistant toujours sur cette époque présumée, me force à reproduire mon observation.

l'abbé BARTHÉLEMY, qui en a fait l'objet d'un long et sérieux examen (1); et il semble qu'un monument qui avoit ainsi occupé les veilles d'un si docte antiquaire, pouvoit être traité avec un peu plus d'égards et de gravité. J'ajouterai que le même monument a paru d'une authenticité incontestable à d'autres antiquaires dont les noms ne sont pas non plus sans honneur dans la république des lettres, le prince DE TORREMUZZA (2), ECKHEL (3), le P. LANZI (4), qui l'ont envisagé sous des rapports différens, sous ceux de la paléographie. Mais, quoique ces autorités pussent bien, aux yeux de tout lecteur impartial, balancer celle de M. KNIGHT, j'ai promis de ne point user de cet avantage, et je m'en tiens uniquement, pour réfuter le critique, à ses propres raisonnemens. Il n'est point exact de dire que l'abbé BARTHÉLEMY n'a pu découvrir aucun titre analogue à ceux qu'on voit employés sur la *chronique d'Amycles;* car ce savant a montré par deux passages, l'un de S. JÉRÔME, et l'autre d'EUNAPIUS, que l'on donnoit le nom de PÈRE au prêtre de Mithras (5), et l'observation en avoit déjà été faite par SAUMAISE (6). De plus,

(1) *Acad. des Belles-Lettres, Mém.* tom. XXIII, pag. 394-421.

(2) *Inscription. veter. Sicil. Prolegom.*

(3) ECKHEL, *Doctrin. num.* tom. I, *Prolegom.* p. XCI, et alibi.

(4) *Saggio di ling. etrusc. &c.* tom. I, pag. 98 et suiv.

(5) *A l'endroit cité,* pag. 409. Dans une note sur le passage en question d'EUNAPIUS, dont l'édition, depuis longtemps terminée, doit paroître incessamment, M. BOISSONADE confirme et justifie, par des exemples analogues, le titre de πατὴρ τῆς Μιθριακῆς τελετῆς qu'emploie l'historien grec. Il cite trois *inscriptions* latines, publiées par MARINI, *Alban. Inscript.* p. 19, et *Fratr. Arval.* p. 341

et 529, dans lesquelles le mot *pater,* suivi des mots *sacerdos, ierofanta, profeta,* désigne incontestablement un ministère sacré. Enfin le même savant allègue encore un monument qui s'applique plus directement au passage contesté de la *chronique d'Amycles;* c'est une inscription du Recueil de REINESIUS, pag. 362, dans laquelle le titre de *mater sacrorum* est donné à une dame romaine. Je transcrirai ici cette inscription, afin qu'il ne reste aucun doute dans l'esprit de M. KNIGHT:

GEMINIA. TITVLLA.

ARAVSIENSIS. MATER.

SACRORVM. HIC.

ADQVIESCIT.

(6) SALMAS. *in Lamprid.* pag. 117.

l'abbé Barthélemy a produit une inscription où les noms de
ΠΑΤΕΕΡ et de ΚΟΡΟΣ sont employés pour désigner des ministres.
sacrés attachés à un temple de l'ancienne *Phlionte* (1). A la vérité,
cette inscription fait partie du recueil de Fourmont, et, à ce
titre, elle a peut-être paru suspecte aux yeux de M. Knight:
mais alors pourquoi ne l'a-t-il pas nommément comprise dans la
censure générale qu'il a faite de ces monumens? pourquoi cette
inscription, qui offre les mêmes particularités de diction et d'orthographe, qui appartient à une époque également ancienne,
qui retrace des usages aussi inconnus; pourquoi, dis-je, a-t-elle
échappé à la mémoire ou à la critique de M. Knight? et, s'il l'a
condamnée comme les autres, ou bien s'il a cru devoir l'épargner, pourquoi n'a-t-il pas du moins indiqué les motifs de l'une
ou de l'autre opinion? et, à cette occasion, je prendrai la liberté
de lui rappeler qu'il a négligé de réfuter d'autres monumens de
Fourmont qui ne paroissent ni plus ni moins irréprochables
que ceux contre lesquels il a réuni tous les efforts de sa dialec-
tique, et même qu'il en a cité comme authentiques quelques
autres qui, venant de la même source et portant les mêmes caractères, devoient lui sembler également suspects. Ainsi l'*inscription d'Hyllus*, que les auteurs de la *Nouvelle Diplomatique* (2),
Court de Gébelin (3) et le docte P. Lanzi (4) ont publiée
comme un des plus anciens monumens de l'art d'écrire, pourquoi M. Knight ne l'a-t-il pas même indiquée? Ainsi cette *inscription de Délos*, copiée par Tournefort sur la base d'une statue
antique, publiée par le P. Montfaucon (5), interprétée par

(1) Voy. cette inscription, *pl. III,*
et le commentaire qu'en a donné le savant académicien, *à l'endroit cité*, p. 409-
411.

(2) Tom. I, pag. 629, pl. VI, n. 2.

(3) *Origine du langage*, pag. 475,
pl. XI.

(4) *Saggio di lingua etrusca*, tom. I,
pag. 103.

(5) *Palæograph. græc.* lib. II, p. 121.
CHISHULL

CHISHULL (1), et reproduite enfin par M. KNIGHT lui-même,
qui semble si peu la soupçonner de fausseté, qu'il l'appelle en
témoignage à l'appui de ses propres idées (2), quoiqu'elle renferme des particularités paléographiques aussi étranges pour le
moins et aussi dépourvues d'autorité qu'aucune de celles qui
ont le plus fortement excité les doutes de M. KNIGHT, pourquoi
l'a-t-il seule exceptée de l'anathème porté contre les inscriptions
de FOURMONT? Pourquoi enfin a-t-il pareillement gardé le silence
sur ces *inscriptions amycléennes* rapportées par l'abbé BARTHÉLEMY,
dans le cours de la dissertation que j'ai citée (3), et qui, si elles
sont ou du moins si elles ont paru authentiques à M. KNIGHT,
contredisent si formellement son opinion sur le sacerdoce des
femmes qu'il nie avoir été attachées au culte d'Apollon à *Amycles?*
En attendant que le critique se soit expliqué sur tous ces points,
je prendrai la liberté de citer comme authentique l'*inscription*
d'Athamas, et d'y chercher, dans les titres ΠΑΤΗΡ et ΚΟΡΟΣ qui y
sont employés, la preuve de la fausseté de cette autre opinion de
M. KNIGHT, qu'*aucun monument ne fournit de qualifications analogues*
à celles des ΜΑΤΕΡΕΣ ΚΑΙ ΚΟΡΑΙ *de la chronique d'Amycles.*

L'assertion du critique, fausse à l'égard de l'abbé BARTHÉLEMY,
ne l'est pas moins en ce qui concerne l'auteur des *Recherches sur*
l'origine et les progrès des arts de la Grèce (4); car cet auteur, à la

---

(1) *Apud* MURATORI, *Thesaur.* t. I,
pag. 586.

(2) *Analys. of greek alphab.* p. 72. En
vain dira-t-on que MONTFAUCON l'avoit
donnée antérieurement à FOURMONT;
il est au moins très-douteux que celui-
ci l'eût connue avant l'époque de son
voyage en Grèce. Son Recueil d'inscriptions offre plusieurs monumens déjà publiés par SPON et d'autres antiquaires,
et qu'il avoit copiés de nouveau sur les

originaux, sans se douter ou sans se rappeler qu'ils eussent été publiés.

(3) Voy. pag. 404. L'abbé BARTHÉ-
LEMY a rapporté ces inscriptions en
caractères grecs ordinaires. Je les ai fait
graver telles qu'elles sont dans les manuscrits de FOURMONT, avec les caractères qui leur sont propres, et qui étoient
ceux du temps auquel ces monumens
appartiennent. Voy. pl. III, n.ᵒˢ 3, 4, 5.

(4) D'HANCARVILLE, t. II, p. 251.

F

page même indiquée par M. KNIGHT, dit en propres termes que
la qualité de FILLE, ΚΟΡΑ, *étoit donnée à des prêtresses dans la Laco-*
nie, où le monument dont il s'agit ici a été découvert. Il en donne pour
exemple les *Leucippides*, ordre ou collége de prêtresses consacrées aux deux déesses filles de *Leucippe*, et il cite enfin le témoignage de PAUSANIAS, qui ne laisse aucun doute à cet égard : Κόραι
δὲ ἱερῶνται σφισι παρθένοι καλούμεναι (1). D'HANCARVILLE essaie
ensuite, mais avec moins de succès, de justifier le mot ΜΑΤΕΡΕΣ
de la *chronique d'Amycles* par celui de γυναῖκες, qui désignoit à
Sparte les femmes chargées de tisser la tunique dont on habilloit
tous les ans la statue d'Apollon amycléen. Ces *femmes ouvrières*
ne pouvoient être celles qui remplissoient à *Amycles* le premier
sacerdoce, et qui, en cette qualité, appartenoient aux principales
familles de l'État, comme l'inscription même le prouve. Ainsi
D'HANCARVILLE s'est trompé sur ce point ; il devoit se borner à
dire que ces ouvrières formoient un ordre subalterne de prêtresses
attachées au service d'Apollon amycléen, ainsi qu'on le voit sur
une belle *inscription de Cyzique*, publiée par le comte DE CAY-
LUS (2), où des femmes revêtues de fonctions semblables sont
comprises dans l'énumération des personnes consacrées au culte
de la principale divinité du pays. Mais si M. KNIGHT se refuse à
voir dans l'auteur des *Recherches* les faits les plus positivement
énoncés, en revanche il lui prête des choses qu'il n'a point dites.
LES MÈRES ET LES FILLES DU BON DIEU, les seuls mots français
qui se trouvent dans toute la réfutation de l'auteur britannique,
semblent être empruntés à D'HANCARVILLE ; et cependant tout
le mérite de cette agréable plaisanterie appartient réellement à

(1) PAUSANIAS, l. III, c. 16. D'autres
prêtresses, attachées au culte de Bacchus,
s'appelòient *Dionysiades*, comme celles-ci
Leucippides (PAUSAN. lib. III, cap. 13 :

Τῷ δὲ ἥρωι τούτῳ πρὶν ἢ τῷ Θεῷ θύουσιν αἱ
Διονυσιάδες ᾗ αἱ Λευκιππίδες).
(2) *Recueil d'Antiquités*, t. II, p. 178
et suiv.

M. KNIGHT, qui voudroit bien en faire aussi honneur à FOUR-
MONT : mais il faut rendre à chacun ce qui lui est dû, et que nos
auteurs français se passent des libéralités de leur adversaire.

Parlons sérieusement, MYLORD : est-ce de bonne foi que
M. KNIGHT insinue que ces titres de *mères* et de *filles* doivent
rendre suspects les monumens où ils se lisent? Comme si nous
possédions tous les écrits des anciens! comme si tous les divers
titres en usage chez les divers peuples de la Grèce avoient été
mentionnés chez ces auteurs, ou du moins chez ceux qui nous
restent! comme si enfin les inscriptions n'offroient pas une foule
de qualifications dont aucun écrivain n'a parlé, qu'aucun lexique
n'a recueillies! Je n'en veux pour preuve que cette inscription de
Cyzique que je citois tout-à-l'heure, et sur laquelle seule nous
trouvons trois différens ordres de prêtresses sous des noms qui ne
se reproduisent dans aucun autre monument. Les Romains, qui
empruntèrent des Grecs et des Étrusques tous leurs rites religieux
aussi-bien que leurs institutions civiles, connoissoient ce sacerdoce
des *filles;* c'est du moins sous ce titre qu'est mentionnée une prêtresse dans une ancienne inscription du *Musée Kirker,* ainsi conçue :
DINDIA. MACOLNIA. FILEA (1); et l'opinion du savant P. LANZI,
qui a publié cette inscription, et celle du célèbre ENNIUS QUI-
RINUS VISCONTI, qui la connoissoit, étoit que ce mot FILIA désignoit ici *un sacerdoce correspondant à celui que les Grecs exprimoient
par le nom de* KOTPA. Dira-t-on qu'aucun témoignage ne prouve
que le temple d'Apollon à *Amycles* fût desservi par des femmes,
et que PAUSANIAS se tait sur une particularité aussi remarquable?
C'est vous-même, MYLORD, qui proposez cette difficulté; et je
m'en étonne, puisqu'il résulte d'un passage de ce même PAU-

---

(1) *Saggio di lingua etrusca,* t. I, p. 161 :
Può DINDIA MACOLNIA FILIA *esser
detta per sacerdozio, come sospettò il*
signor ENNIO VISCONTI, *e corrispon-
derebbe al* KOTPA *de' Greci.*

F 2

SANIAS que j'ai rapporté plus haut, et que sans doute vous connoissiez comme moi , que des FEMMES, ΓΥΝΑΙΚΕΣ, étoient attachées, par des fonctions subalternes , au temple d'Apollon amycléen. Je n'alléguerai point, pour confirmer ce témoignage, les inscriptions trouvées à *Amycles*, et sur lesquelles le mot ΙΕΡΕΙΑ, PRÊTRESSE, se lit à la suite des noms de femmes qui exerçoient ce sacerdoce (1) ; car, ces inscriptions étant du recueil de FOURMONT, leur témoignage ne seroit point reçu pour décider une question pareille. Mais que pourriez - vous opposer, MYLORD, aux monumens découverts par vous-même *dans les ruines de l'antique Amycles ;* à ces inscriptions consacrées à la mémoire de deux femmes, dont l'une y est qualifiée *prêtresse,* ίέρεια, l'autre, *sousprêtresse,* ύποςατξία (2) ? Ne sont-ce pas là des preuves irrécusables que le sacerdoce des femmes fut institué à *Amycles!* et, en rapprochant ces divers témoignages de la *chronique* de FOURMONT, n'en résulte-t-il pas, en faveur de l'authenticité de ce dernier monument, un argument invincible ? Si j'entreprenois de généraliser la question que vous avez élevée, MYLORD, relativement au sacerdoce des femmes, quel avantage n'aurois-je pas à vous montrer des *prêtresses,* et non des *prêtres,* par-tout établies auprès des plus anciens et des plus illustres temples de la Grèce, tel qu'étoit celui d'*Amycles,* et à justifier ainsi à vos yeux le silence gardé par PAUSANIAS sur une particularité qui vous paroît si *remarquable,* mais qui, dans le fait, n'est nullement remarquable ? Vous verriez des *femmes* remplir tous les degrés du sacré

---

(1) *Acad. des Bell.-Lett.* tom. XXIII ; pag. 414.

(2) Ce mot ίπυσαλεία n'est donné par aucun écrivain et ne se trouve sur aucun autre monument. Un faussaire aussi ignorant qu'on suppose FOURMONT, n'eût pu forger un pareil terme ; et le témoignage rendu ici à son exactitude par le marbre même qu'a vu et copié lord ABERDEEN , me paroît du plus grand poids.

ministère à *Dodone* (1); à *Delphes* (2); dans l'île *Calauria* (3); à *Égire*, en *Achaïe* (4); à *Tégée*, en *Arcadie* (5); à *Argos* (6), et dans ces colonies grecques du *Latium* et de l'*Étrurie*, qui conservèrent si long-temps et si fidèlement, au témoignage de DENYS D'HALICARNASSE (7), les rites religieux de leur métropole argienne. Vous trouveriez sur-tout, MYLORD, un exemple frappant dans les usages de cette dernière cité, où plusieurs ordres de *prêtresses*, à la suite d'une jeune vierge nommée *Canéphore*, se partageoient les diverses fonctions du ministère des autels (8), et où le catalogue des prêtresses de Junon, gravé, comme celui des prêtresses d'Apollon à *Amycles*, sur des tables destinées à en éterniser le souvenir, fut retrouvé, en creusant la terre, par le père de cet ACUSILAS, l'un des plus anciens historiens de la Grèce (9), et employé, comme base chronologique, par HELLANICUS DE LESBOS, autre écrivain également ancien et recommandable (10). Tous ces faits, qu'il me seroit facile de multiplier, si je ne devois me borner à ce qui est rigoureusement nécessaire, ne s'étoient peut-être pas présentés à l'esprit de FOURMONT, puisqu'ils ont pu échapper à la mémoire de son critique. Mais l'accord des derniers avec le monument attaqué par M. KNIGHT avoit frappé l'abbé BARTHÉLEMY, qui s'en est expliqué en ces termes : « Je présume que la » prêtresse nommée Κόρα dans l'inscription est la même qu'en » d'autres endroits on nommoit Καηφόρος, et que l'ordre des prê- » tresses d'Apollon amycléen étoit formé sur le même plan que » celui des prêtresses de Junon à *Phalère* et à *Argos* (11). »

(1) HERODOT. lib. II, c. 54-55.
(2) PAUSAN. lib. X, c. 12, et alibi.
(3) *Idem*, lib. II, c. 33.
(4) *Idem*, lib. VII, c. 26.
(5) *Idem*, lib. VIII, c. 47.
(6) DIONYS. HALIC. lib. I, c. 21.
(7) *Idem, ibid.*
(8) DIONYS. HALIC. *loc. laud.* ; Ἔνθα

κỳ τ̄ Συμπολιῶν ὁ τρόπος ὅμοιος ἦν, καὶ γυναῖκες ἱερᾶι Θεραπεύουσαι τὸ τέμενος, ἥ τε λεγομένη καηφόρος,... χορῷ τε παρθένων......

(9) SUIDAS, *voc.* Ἀκουσίλαος.

(10) CONSTANTIN. PORPHYROGEN. *Themat.* lib. II, c. 8.

(11) *Acad. des Bell.-Lettr. Mémoir.* tom. XXIII, pag. 412.

Examinant en détail le monument qu'il a d'abord condamné en totalité, M. KNIGHT s'étonne d'y trouver des *particularités d'idiome non moins extraordinaires*, telles que ΑΡΙΣΕΤΑΝΔΕΡΟ, ΑΡΙΣΕΤΟΜΑΚΟ, &c., pour ΑΡΙΣΤΑΝΔΡΟΥ, ΑΡΙΣΤΟΜΑΧΟΥ. Il suppose que FOURMONT a imaginé cette orthographe *bizarre* d'après les systèmes qui faisoient dériver le grec de l'hébreu, et aussi d'après la tradition rapportée dans JOSÈPHE (1), suivant laquelle les Lacédémoniens et les Juifs se seroient attribué à eux-mêmes une origine commune. Voilà bien des suppositions que je me permettrai de trouver à mon tour assez *extraordinaires*. Et d'abord, celle qui, prêtant à FOURMONT des connoissances que rien n'indique qu'il ait eues, des rapprochemens auxquels rien ne prouve qu'il ait songé, et lui refusant en même temps les notions les plus vulgaires sur la langue et l'histoire des Grecs, fait de cet académicien un être tout particulier, alternativement très-ignorant et très-savant, selon qu'on a besoin qu'il soit l'un ou l'autre; un homme qui n'auroit pas su *décliner des noms*, comme le dit M. KNIGHT (2), et qui auroit su forger de longues inscriptions dans un dialecte difficile; un homme assez étranger avec la paléographie grecque pour confondre un *iota* avec un *sigma* (3), et qui auroit employé ou même deviné les formes les plus rares

---

(1) *Antiq. Jud.* lib. XII, cap. 5, et lib. XIII, c. 9. Au reste, je remarque que cette idée a été suggérée à M. KNIGHT par l'abbé BARTHÉLEMY, qui fait, sur le mot AMOKEA..., l'observation suivante (pag. 400) : « L'*epsilon* qui est » entre le *cappa* et le *lambda*, répond au » *schéva* des Hébreux, et les premiers » Doriens l'ajoutoient volontiers pour » éviter la rencontre de deux consonnes » dans la même syllabe. » C'est donc d'après ces suppositions, bonnes ou mauvaises, des interprètes de FOURMONT, et

d'après les interprétations le plus souvent ridicules et puériles de FOURMONT lui-même, et non d'après le texte des monumens, qui seuls devoient être consultés, qu'ont été conçus la plupart des soupçons dont ils sont devenus l'objet. Je rapporterai plus bas de nouvelles preuves de ces injustes préventions, dont il semble que M. KNIGHT eût dû se garantir plus que personne.

(2) *Analys. of greek alphab.* pag. 117.
(3) *Ibidem*, pag. 114.

et les plus antiques de toutes les lettres de l'alphabet grec ; un homme, en un mot, si plein de contradictions, qu'il seroit plus étrange à lui tout seul que tous ses monumens ensemble ; et c'est cependant à l'existence d'un pareil personnage qu'il faut ajouter foi, si ces monumens sont tels que l'assure M. KNIGHT; et M. KNIGHT, si difficile sur l'article de la vraisemblance quand il s'agit des inscriptions de FOURMONT, ne paroît pas soupçonner qu'il y ait la moindre invraisemblance dans l'idée qu'il nous donne de leur auteur. Mais, sérieusement, MYLORD, peut-on révoquer en doute certaines formes d'un dialecte dont nous ne possédons aucun autre monument? et quelle est donc cette présomption de rejeter tout monument des siècles les plus reculés, qui n'est pas exactement conforme à l'état actuel de nos connoissances? D'ailleurs, il n'est pas vrai, comme le suppose M. KNIGHT, que ces formes elles-mêmes soient absolument sans exemple, et qu'il faille recourir, pour les expliquer, *à la ponctuation des modernes Hébraïsans*. Les fragmens qui nous restent de la diction propre aux Spartiates, nous offrent cette interposition d'une voyelle entre deux con-sonnes, dans le mot παρακαλαθειρ, pour παρακληθείς, du décret contre le musicien TIMOTHÉE (1); et Ἡνιοχαράτηρ, pour Ἡνιο-χάρτης, est le titre d'un officier lacédémonien, nommé dans HESYCHIUS (2). La langue des Romains, formée, comme chacun sait, à la même source que celle des Spartiates, c'est-à-dire, dans un dialecte de l'éolien primitif (3), pourroit justifier encore mieux cette pratique, dont les plus anciens monumens latins offrent de fréquens exemples : ainsi l'on trouve *casteris* pour *castris* dans *l'inscription duilienne* (4); *auceta, sinisterum, arbiterio*,

(1) *Apud* BOËTH. *de Music.* lib. 1, c. 1, edit. Glarean.

(2) HESYCH. *voc.* Ἡνιοχαράτηρ. La correction que REISKE propose en cet endroit, est au moins inutile.

(3) DIONYS. HAL. *Antiq. Roman.* 1, 90; ATHEN. *Deipnosoph.* lib. x, c. 6.

(4) *Inscript. Duilian. à* CIACCON. *edit., in Antiq. rom.* GRÆV. tom. IV, pag. 4811.

uragum, pour *aucta, sinistrum, arbitrio, orcum,* dans FESTUS (1),
et *cereo* pour *creo,* dans VARRON (2). Les grammairiens ont recueilli une foule de mots formés d'après le même principe (3),
qui montrent combien l'usage en étoit commun chez les Romains, et qui, à cause de l'analogie dont nous avons parlé plus
haut, peuvent servir à prouver que de semblables formes n'é-
toient point étrangères aux Grecs, et, en particulier, aux Spartiates, sur les monumens desquels nous les trouvons si fréquemment reproduites. Voilà qui explique mieux, je pense, que les
hébraïsmes des critiques massorètes, l'origine de certains mots
de la *chronique d'Amycles;* et M. KNIGHT, auquel je ne saurois
croire que ces témoignages fussent inconnus, me permettra de
douter de sa sincérité, quand il propose une explication si étrangère aux monumens qu'il critique.

Une objection plus spécieuse de M. KNIGHT est qu'on trouve,
sur cette inscription des prêtresses d'*Amycles,* des génitifs, tels
que ΚΑΛΙΚΕΡΑΤΟ, pour Καλλικρατους, &c., qui sont contraires aux
principes de déclinaison de ces sortes de noms (4). Il explique
encore cette singularité au moyen d'une bévue de FOURMONT
(car que n'explique-t-il pas par cette méthode?), lequel auroit
confondu les deux classes de noms terminés en κριτης et en
κρατης, et auroit étendu à ces derniers le génitif en ου, qui
n'appartient qu'aux premiers : d'où il résulteroit effectivement
que FOURMONT auroit écrit Καλικρατου comme on écrit ὑποκριτου.
Cette supposition de M. KNIGHT, tout arbitraire qu'elle peut
paroître, est fondée, jusqu'à un certain point, sur ce que la même
méprise a été commise par D'HANCARVILLE (5), qui prend le

(1) FESTUS, *his vocibus.*
(2) VARRON: *Ling. latin.* lib. II, c. 4.
(3) Vid. LAUREMBERG. *in Antiquar.;*
FONTANIN. *Antiq. Hort.* p. 179; LAN-
ZI, *Sagg. di ling. etrusca,* t. I, p. 120-121.
(4) *Analys. of greek alphab.* pag. 117.
(5) *Recherches &c.* tom. II, pag. 212-
213, not.

génitif

génitif ΗΕΡΜΟΚΡΑΤΟΣ de l'*inscription de Sigée* pour un équivalent
de ΗΕΡΜΟΚΡΑΤΟΥ, et va même jusqu'à poser en principe que,
vers la XLVI.ᵉ olympiade, à laquelle on attribue le marbre de Sigée,
*on se servoit indifféremment des terminaisons O ou OΣ pour former le
génitif.* C'est assurément une des plus graves erreurs dans lesquelles il fût possible de tomber, et M. KNIGHT a très-bien fait
de la relever. Mais par quelle injustice faut-il que les marbres
de FOURMONT soient responsables des fautes de leurs interprètes?
et pourquoi ne les juge-t-on jamais que d'après les méprises qu'ils
ont pu suggérer ou à FOURMONT, ou à D'HANCARVILLE, ou à l'abbé
BARTHÉLEMY lui-même? M. KNIGHT avoue que l'erreur est si
grossière, que, s'il ne l'eût point trouvée répétée dans les autres
inscriptions, et *illustrée* par MM. BARTHÉLEMY et D'HANCARVILLE,
il l'auroit prise pour une faute de copiste; mais que les mots
ΕΥΡΙΚΡΑΤΕΟ, ΑΛΚΑΜΕΝΕΟ et ΚΛΕΟΜΕΝΕΩ, écrits, d'après le même
principe, pour ΕΥΡΥΚΡΑΤΕΟΣ, ΑΛΚΑΜΕΝΕΟΣ et ΚΛΕΟΜΕΝΕΩΣ, ne
permettent pas cette supposition. C'est cependant la répétition
de la même faute, ou du moins de ce qu'il plaît au critique de
qualifier ainsi, qui devoit le prémunir lui-même contre de semblables méprises. Ce n'est plus seulement les deux classes de
noms terminés en κριτης et κρατης que FOURMONT auroit confondues, mais encore cette autre famille si nombreuse de noms
terminés en ενης, dont le génitif est en εος, εως, ους, famille à
laquelle appartiennent les deux derniers mots ΑΛΚΑΜΕΝΕΟ et
ΚΛΕΟΜΕΝΕΩ. En multipliant ainsi les erreurs de FOURMONT, comment M. KNIGHT ne s'est-il pas aperçu que sa supposition deve-
noit de plus en plus invraisemblable? comment n'a-t-il pas
réfléchi qu'un homme assez ignorant des premiers élémens de
la langue grecque pour ne pas connoître le génitif ΑΛΚΑΜΕΝΕΟΣ
du nom ΑΛΚΑΜΕΝΗΣ, n'auroit pu forger l'inscription même où
se trouvent de pareils mots; ou bien, que s'il avoit eu les

G

connoissances nécessaires pour la fabriquer, il n'auroit pas eu l'imprudence d'y laisser subsister des irrégularités capables de faire naître des doutes sur l'authenticité de ce monument, et de trahir son imposture? Puis donc que FOURMONT a transcrit ainsi des noms dont il ne pouvoit ignorer la forme habituelle et régulière, il faut que cette particularité ait une autre cause que celle qu'a supposée M. KNIGHT; et comme les exemples en sont assez fréquens pour qu'on ne puisse l'attribuer à une faute de graveur, que FOURMONT, avec une fidélité trop scrupuleuse, auroit conservée dans sa copie, pourquoi ne l'expliqueroit-on pas par un usage propre au dialecte des Lacédémoniens, dont nous sommes si loin de connoître tous les idiotismes? On sait, d'ailleurs, que les anciens Grecs retranchoient, en certains cas, des voyelles et même des consonnes, et sur-tout dans des monumens où l'on ne pouvoit trop économiser les caractères, si j'ose m'exprimer ainsi. Par exemple, on supprimoit constamment l'*upsilon* dans les génitifs en ΟΥ, comme il en existe tant de preuves, notamment sur l'*inscription de Sigée*, ΤΟ ΠΡΟΚΟΝΝΗΣΙΟ, pour ΤΟΥ ΠΡΟΚΟΝΝΗΣΙΟΥ; dans le corps même des mots, comme ΒΟΛΗ pour ΒΟΥΛΗ du *marbre de CHOISEUL;* dans les génitifs en ΟΥΣ, comme ΗΕΡΜΟΚΡΑΤΟΣ au lieu de ΗΕΡΜΟΚΡΑΤΟΥΣ, de la même *inscription de Sigée;* et aussi dans les génitifs éoliens en ΑΟ, que les Doriens écrivoient simplement par Α. Et à cette occasion, je me permettrai de relever une faute que M. KNIGHT prête bien gratuitement à FOURMONT. Il lui reproche d'avoir donné à-la-fois le génitif ΣΕΚΕΠΑΟ, conformément à l'ancien éolien, et les génitifs ΣΕΚΕΛΑ (il devoit lire ΣΕΚΟΛΑ) et ΣΕΚΕΝΟΜΑ, suivant le dorien postérieur au temps d'HOMÈRE. Mais ΣΕΚΟΛΑ, dans l'inscription de FOURMONT, n'est point au génitif; il est au nominatif; pour ΣΚΥΛΛΑ, comme l'exige indubitablement la construction de la phrase : ce premier exemple ne prouve donc que l'inattention avec laquelle M. KNIGHT a lu des monumens qu'il condamne si sévèrement. Quant au génitif ΣΕΚΕΝΟΜΑ, qu'importe qu'il soit d'une forme inconnue ou crue postérieure au temps d'HOMÈRE? Oseroit-on prétendre que les vers de ce poète, à travers toutes les altérations qu'ils ont subies depuis l'édition de PISISTRATE jusqu'à celle de M. WOLF, nous aient conservé toutes les formes particulières à tous les idiomes de la Grèce, et spécialement à celui de *Lacédémone!* Le génitif éolien en ΑΟ n'étoit point ignoré de FOURMONT, puisqu'on lit sur son inscription *(lign. 12)*, ΣΕΚΕΠΑΟ, au génitif; et, de ce qu'on lit ΣΕΚΕΝΟΜΑ, ΑΜΥΚΛΑ, sur la même inscription *(lign. 15, pl. 11, et lign. 7, pl. 1)*, il n'en faut conclure rien autre chose sinon qu'il copioit exactement ce qu'il voyoit, même au risque de donner des leçons contradictoires; ce qu'un faussaire eût sans doute soigneusement évité.

Mais revenons à la forme du génitif ΚΑΛΙΚΡΑΤΟ, qui a paru inexplicable à M. KNIGHT. Il n'y manque, pour le rendre correct, ou du moins conforme à l'usage suivi sur les plus anciens monumens, que le Σ final; car il faudroit qu'il fût écrit ΚΑΛΙΚΡΑΤΟΣ, comme ΗΕΡΜΟΚΡΑΤΟΣ du *marbre de Sigée.* Mais la suppression du *sigma*, à la même place, n'avoit-elle pas lieu dans quelques mots du dialecte dorien, comme ΙΠΠΟΤΑ, pour ΙΠΠΟΤΑΣ ou ΙΠΠΟΤΗΣ (1)? et ce qui se pratiquoit pour le nominatif dans le cas que je viens d'indiquer, ne peut-on supposer qu'on l'ait fait aussi pour le génitif (2), sur-tout sur des monumens où, je le répète,

(1) HOMER. *Iliad.* lib. 11, v. 336, *et passim.* Ce même exemple est cité, à l'appui d'une suppression semblable, par un critique anglais, qui a proposé, dans le *Classical Journal* (tom. I, pag. 94-100), une ingénieuse et nouvelle explication de l'*inscription de Délos.* Ce critique pense qu'on doit lire, ο αυτ̃ι λιϑο, pour ο αυϑος λιϑος, et j'avoue que je par-

tage entièrement son opinion. Voyez sa *Dissertation*, qui offre encore quelques autres exemples que j'ignorois, ou que j'ai cru devoir omettre pour ne point trop alonger cette note.

(2) Voici un exemple directement applicable au cas dont il s'agit ici. ECKHEL décrit (*Doctrin. num.* tom. I, pag. 247) et le cabinet du Roi possède une médaille

l'économie des caractères étoit commandée par tant de motifs?
C'est ainsi que l'on retranchoit généralement les lettres doubles,
comme le même mot ΚΑΛΙΚΡΑΤΟ, pour ΚΑΛΛΙΚΡΑΤΟΣ, nous en offre
un exemple; comme on le voit encore sur *l'inscription d'Hyllus* (1);
sur une belle médaille inédite du cabinet du Roi, dont le carré
creux, la légende écrite à rebours ΑΑϡϞ, pour ΠΕΡΡΑΙ, initiales du
nom des *Perrhæbes*, attestent la haute antiquité; et cet usage se retrouve sur les plus anciens monumens romains et étrusques (2). On
supprimoit encore les lettres finales dans beaucoup de mots, ainsi
que j'en ai déjà rapporté des exemples; et je puis y en ajouter de
nouveaux. On trouve ΡΕGINO et ΜΕΣΣΑΝΟ, noms de peuples, au
nominatif, sur les plus anciennes monnoies de *Rhegium* et de
Messine (3). L'antique inscription d'*Élée*, qu'a publiée et savamment expliquée M. KNIGHT lui-même (4), offre de semblables
suppressions, et notamment le mot τελεϛα, au nominatif, pour
τελεϛης. Le même monument est plein de ces apocopes intro-
duites sans doute par le motif que je viens d'indiquer, par le
besoin d'économiser les caractères : ainsi l'on y trouve ΚΑΛΛΟΙΣ,
pour αν αλληλοις, et ΓΡΑΜΕΝΟΙ pour γεγραμμενῷ. Le *nu* final

de *Syracuses* avec le nom ΕΥΜΕΝΟΥ
au génitif, pour ΕΥΜΕΝΟΥΣ (voyez
MIONNET, *Description &c.*, tom. 1,
pag. 303, n. 815). Le savant voyageur
anglais, CLARKE, a remarqué, sur une
inscription en dialecte dorique, une va-
riation semblable au même cas (voyez
Travels &c., part. II, sect. 2, p. 531).

(1) *Apud* LANZI, *Saggio*, t. I, p. 103.

(2) *Vid.* WINCKELMAN, *Recueil de
lettres*, tom. III, p. 294; MAZZOCCHI,
Tabul. Heracl. pag. 552; LANZI, *Sagg.
c'i ling. etrusca*, tom. I, pag. 91.

(3) ECKHEL, *Doctrin. num.* tom. I,
pag. 180-181.

(4) *Classical Journal*, n.º XXII, p. 348,
et n.º XXV, pag. 113-119. J'aurai encore
occasion de citer ce monument, et de m'autoriser des explications de M. KNIGHT
lui-même, pour réfuter ses précédentes
assertions. Je me flatte que mon savant
adversaire ne me saura point mauvais
gré d'employer ce genre de preuves; et
j'aime à croire que les monumens nouveaux qu'il a été à même de connoître
et d'expliquer depuis la publication de
sa critique de FOURMONT, ont déjà pu
le porter à modifier l'opinion sévère qu'il
avoit conçue des inscriptions de celui-ci.

est omis sur cette célèbre et antique *inscription de Velętri*, si souvent citée par M. KNIGHT (1), dans le mot ΤΥΧΑ, pour ΤΥΧΑΝ (2); et la même inscription nous offre encore un second exemple de la suppression de la même lettre dans le corps du mot ΣΑΟΤΙΣ, pour ΣΑΟΝΤΙΣ, suivant l'ingénieuse interprétation du P. LANZI. Le retranchement du *mu* final se rencontre presque à chaque mot des célèbres *tables eugubiennes*, et généralement dans tous les monumens étrusques, dont l'origine grecque n'est plus aujourd'hui contestée par personne (3); et la même lettre est le plus souvent omise sur les inscriptions latines des premiers âges, ainsi que l'attestent les grammairiens (4) et que le confirment les monumens. Ainsi on lit dans l'inscription funéraire de L. SCI-PIO BARBATUS, les mots suivans, *Taurasia, Cisauna, Samnio, omne*, pour *TaurasiaM, CisauniaM, SamniuM, omneM*; et dans l'inscription du fils de ce SCIPION, on trouve de même, *Duonoro, optumo, Corsica, aide*, pour *BonoruM, optimuM, CorsicaM,*

(1) *Analys. of greek alphab.* pag. 4 et ailleurs.

(2) L'abbé BARTHÉLEMY, qui, le premier, publia cette inscription, en interprétoit les trois premiers mots, Θεος Τυχα Σαοης, par ceux-ci : *Dea Fortuna Servatrix*. Le P. LANZI, en adoptant l'interprétation des deux premiers, propose, pour le troisième, une explication qui me semble beaucoup meilleure ; il veut que ce soit le nom de la *ville* qui accorde *l'hospitalité* contenue dans ce décret, et, en conséquence, il lit Σαονης, pour Σωνης, nom d'un peuple de *Lucanie* mentionné par PLINE, lib. II, cap. 5 (voy. *Sagg. di ling. etrusc.* t. I, p. 109). Mais l'un et l'autre de ces savans se sont trompés, en interprétant Θεος Τυχα par *Dea Fortuna*. Je n'hésite pas à lire, Θεος τυχαν, formule qui semble avoir été géné-

ralement adoptée pour les décrets de ce genre, ainsi qu'on en trouve des exemples dans le décret béotien de *Proxénie*, publié par M. le colonel LEAKE (*Classic. Journal*, tom. XIII, pag. 332); dans un autre décret des Delphiens, relatif au même objet, et publié par MURATORI (*Thesaur.* tom. II, pag. 556); enfin dans une inscription de POCOCKE (*Inscr.* pag. 50, n.° 13), que j'ai moi-même expliquée et restituée en partie, dans un mémoire lu récemment à l'*Académie des Belles-Lettres*.

(3) C'est l'opinion qui résulte du savant ouvrage de l'abbé LANZI, que je cite si souvent et qui mérite tant de confiance.

(4) PRISCIAN, pag. 551, ed. Putsch. *Add.* LUPI, *lettr. 15;* LANZI, *Saggio,* tom. I, pag. 119.

ædem (1). Pour citer des exemples plus analogues à celui qu'il
s'agit de justifier ici, l's final étoit aussi généralement supprimé
sur les monumens latins, comme le témoignent les mêmes grammairiens (2), dont l'assertion est pareillement autorisée par tous
les monumens ; je me contenterai de renvoyer à ces *inscriptions
des Scipions*, dont j'ai cité plus haut quelques mots, et où on
lit CORNELIO pour *Cornelius* (3), et FACTA PATRI, pour *facta
patris* (4). Le P. PACCIAUDI a publié (5) une inscription gravée
en très-vieux caractères, et ainsi conçue, C. POMPONIO. VIRIO.
POS., que ce savant interprétoit par *C. Pomponio Virio consule ;*
mais l'interprétation qu'en a donnée le P. LANZI (6), plus conforme au monument original, est aussi mieux d'accord avec
l'usage du temps auquel ce monument appartient, et l'on doit lire,
C. Pomponius Virius posuit, qui nous offre une nouvelle preuve de
la suppression de l's à la fin des mots. Enfin cet usage étoit tellement établi, que nous en retrouvons encore une foule d'exemples
dans les fragmens qui nous restent des vieux poètes latins, tels
qu'ENNIUS, NÆVIUS, PLAUTE, &c. ; et il n'est personne un peu
familier avec cette littérature, à qui sa mémoire ne rappelle un
assez grand nombre de ces exemples, pour que je sois dispensé d'en
citer ici aucun. J'ose croire que M. KNIGHT, qui va chercher dans
les écrits des *Massorètes* l'explication de certaines formes inusitées
des inscriptions de FOURMONT, me pardonnera d'avoir tâché de
justifier celle-ci par des exemples empruntés aux langues latine et
étrusque, dont les monumens éclaircissent presque toujours si
heureusement les formes de l'ancien grec, à cause de la conformité
primitive et de la source commune de tous ces idiomes (7).

(1) LANZI, *Saggio*, tom. I, pag. 152.
(2) PRISCIAN. pag. 551, ed. Putsch.
(3) *Apud* LANZI, *ibid.* tom. I, p. 153.
(4) *Apud* LANZI, , *ibid.* t. I, p. 156.

(5) *Monument. Peloponn.* t. I, p. 53.
(6) *Ibid.* tom. I, pag. 160.
(7) Une médaille de *Métaponte* (*ap.*
ECKHEL, *Doctrin. num.* tom. I, p. 156)

M. KNIGHT reproche ensuite à FOURMONT d'avoir trahi son ignorance, en terminant en *A* les mots précédemment écrits par *E E*, pour marquer le passage de la domination éolienne à celle des Doriens, lors du retour des Héraclides ; et cette ignorance consiste, selon le critique, en ce que l'emploi du double *epsilon*, au lieu de l'*éta* est tout-à-fait dépourvu d'autorité, et se trouve même expressément contredit par un passage de PLATON. A cela je réponds que cette intention supposée, de marquer par un changement de dialecte un changement de domination, ne paroît nullement prouvée à quiconque examine avec attention l'ensemble de ce monument. Les dialectes éolien et dorien s'y reproduisent mêlés l'un avec l'autre, souvent dans le même mot, ainsi que l'a observé l'auteur des *Recherches* (1) ; et ce mélange, qu'eût certainement évité FOURMONT, s'il eût eu, en forgeant cette inscription, l'intention qu'on lui prête, devient ici une preuve d'authenticité, puisqu'à une époque où le dorien et l'éolien n'étoient point encore fixés, les formes appropriées depuis à l'un et à l'autre devoient perpétuellement se confondre sur les monumens d'un peuple composé du mélange des races dorienne et éolienne. Cela même nous explique comment des formes telles que ΣΕΚΕΠΑΟ et ΣΕΚΕΝΟΜΑ ont pu se trouver à-la-fois sur les monumens de la *Laconie*, à une époque antérieure à la distinction de ces deux dialectes. Objectera-t-on que le dorien n'existoit point au temps d'HOMÈRE, puisqu'il ne paroît point que ce poète l'ait employé ? Mais, en admettant que le texte d'HOMÈRE nous soit parvenu dans toute son intégrité originelle, l'absence du dorien dans ses poèmes prouveroit seulement que ce dialecte n'avoit point encore

offre METABO, écrit pour METABOΣ, qu METABON. Voyez les observations que fait, au sujet de la suppression de la dernière lettre, ce savant antiquaire, pag. 128, et les exemples cités, not. 3, pag. 52, de ces *lettres*.

(1) D'HANCARVILLE, t. II, p. 253-255, not.

pénétré de son temps dans les colonies de l'Asie mineure, où ce
poëte passa ses jours et composa ses ouvrages. L'époque où le
dorien dut se répandre dans la Grèce, est celle du retour des
Héraclides, dont je crois fortement qu'HOMÈRE vécut très-rappro-
ché : c'est du moins l'opinion qu'a soutenue un savant historien
anglais, M. MITFORD (1), aux argumens duquel je pourrois ajouter
de nouvelles raisons ; et il ne seroit point étonnant, d'après ce
système, qu'HOMÈRE, à peine témoin de la révolution opérée par
les Héraclides, n'eût point enrichi ses poèmes de quelques formes
doriennes qui n'avoient point frappé ses oreilles. Mais le dorien
existoit certainement avant l'époque à laquelle nous savons qu'il
devint dominant dans le *Péloponnèse*. Des historiens cités par
JAMBLIQUE (2) assurent que c'étoit en ce dialecte que l'ancien
ORPHÉE avoit écrit ses poèmes ; seulement, il étoit resté concen-
tré dans les régions montagneuses de la *Thessalie* et de la *Phocide*,
qu'habitèrent long-temps les tribus doriennes, et d'où vinrent
les peuplades qui, à diverses reprises, sous les ordres des deux
fils d'Achæus (3) et sous la conduite de Pélops (4), formèrent
des établissemens en *Laconie*. Comment, d'après l'accord si frappant de tous les faits historiques que je viens d'indiquer, avec le
style des monumens mêmes recueillis par FOURMONT, s'étonner
encore du mélange qu'on y remarque des deux dialectes, dont
l'origine étoit la même, et dont l'usage resta long-temps commun
au peuple qui fit graver ces monumens ?

Quant à l'assertion du critique, que l'emploi du double E, en
place de l'H, manque tout-à-fait d'autorité, et est même contredit par un passage de PLATON, j'ai bien peur que ce ne soit

(1) MITFORD, *History of Greece*,
tom. I, pag. 249-257.
(2) JAMBLIC. *De Vit. Pythagor.*
cap. XXXIV.

(3) PAUSAN. lib. VII, c. I.
(4) STRABON. *Geograph.* lib. VIII,
pag. 365.

là

là encore une assertion hasardée, comme la plupart de celles que j'ai examinées jusqu'ici. PLATON ne dit nullement ce que lui prête M. KNIGHT : οὐ γὰρ H ἐχρώμεθα, ἀλλὰ ε τὸ παλαιόν (1); dit-il dans son *Cratyle*; ce qui signifie seulement que, *dans les anciens temps, on se servoit de l'epsilon au lieu de l'êta;* et PLUTARQUE confirme cette observation (2). Mais pourquoi, en des temps *plus anciens* encore, ou même chez un peuple autre que le peuple athénien dont parle PLATON, dans un dialecte essentiellement différent de celui de l'*Attique*, n'eût-on pas employé le double *epsilon* pour exprimer le son de l'*êta* (3), de même que le double *omicron* à la place de l'*oméga* ! A la vérité, ces deux exemples, qui, dans tout autre cas, auroient paru se confirmer l'un l'autre, sont ici également suspects aux yeux de M. KNIGHT, qui les rejette tous deux comme inusités, et conséquemment, selon lui, comme contraires à l'analogie. Il faut donc lui montrer que ses doutes ne sont pas fondés. L'usage des doubles lettres pour exprimer le son des voyelles longues ne fut pas tout-à-fait inconnu aux Grecs; nous en avons une preuve dans les médailles d'*Aspende* (4), qui offrent très-distinctement le double *iota* employé à cette intention. Une preuve plus décisive encore se tire d'une médaille jusqu'à présent unique, et qui fait partie du cabinet de M. Gos-

(1) PLATO, *in Cratyl.* tom. III, p. 317, edit. Bipontin.

(2) PLUTARCH. *de* ΕΙ *apud Delphos*, tom. III, 229, edit. Hutten.

(3) Il faut que M. KNIGHT ait lu ce traité avec bien peu d'attention, puisque, quelques pages plus haut que l'endroit qu'il cite, PLATON dit qu'*anciennement, au lieu de l'*êta*, on se servoit de deux epsilon* : Οὐ γὰρ νόησις παρχαῖον ὀκαλεῖτο, αλλ' ἀντὶ τῦ Η, ΕΕ ἔδει λέγειν δύο (t. III, *Cratyl.* pag. 287, edit. Bipont.). Voilà,

certes, un démenti bien formel donné à l'assertion de M. KNIGHT, et je pourrois me dispenser d'une plus longue réfutation. Néanmoins, je laisse subsister mon raisonnement, tel que je l'avois rédigé avant que de connoître ce passage décisif de PLATON.

(4) Plusieurs de ces médailles ont été publiées dans le recueil d'HUNTER (*Numm. veter. descript.* pag. 46-47); j'en ai fait graver une des mieux conservées. (voy. pl. I, n.° 6).

H

SELLIN; elle appartient à la ville de *Posidonia*, et elle offre, au revers, les lettres ΜΨΨϞ, commencement du nom de *Phistulis* (1), sous lequel cette ville fut aussi connue : la répétition de l'*iota* sur un monument d'une fabrique et par conséquent d'une époque si anciennes tient certainement à une manière systématique d'é-crire, et indique le moyen dont on se servit, au moins chez quel-ques peuples de la Grèce, pour exprimer aux yeux la valeur des voyelles longues de leur nature. Cette méthode paroît sur-tout avoir été particulière aux peuples d'origine dorienne, et la *Sicile* seule nous en fournit deux exemples remarquables. On trouve ΑΙΑΤΒΑΠΤΑΝ écrit avec deux *iota*, sur les médailles de *Lilybée*, dont plusieurs sont conservées dans le cabinet du Roi (2); et le prince DE TORREMUZZA décrit (3) une médaille de *Menæ* avec la légende ΜΕΝΑΙΙΝΩΝ, écrite d'après le même principe. Au défaut des monumens grecs, qui pouvoient, à la rigueur, ne pas nous montrer cette particularité, sans qu'elle en fût pour cela moins réelle, le témoignage des grammairiens et des monumens latins auroit dû rendre M. KNIGHT moins tranchant dans son assertion; car c'est un point assez généralement reconnu, que les monumens de l'ancienne langue des Romains peuvent servir à éclaircir ou à suppléer ce qui est obscur ou incomplet dans ceux de la Grèce. Or le grammairien SCAURUS remarque (4) que l'usage constant des anciens Latins étoit de doubler les voyelles de quantité longue; et les médailles et les monumens publiés par le savant MAZZOC-

---

(1) M. GOSSELLIN en a donné lui-même l'explication dans une note insérée à la suite de mon ouvrage sur les *Colonies grecques* (voy. tom. IV, pag. 417). Cette médaille est sur-tout précieuse en ce qu'elle confirme l'identité de la ville désignée par les noms divers de *Phistulis* et de *Posidonia*, identité qui avoit été plutôt soupçonnée que prouvée. Du reste,

la forme des caractères et le genre de la fabrique lui assignent une assez haute antiquité. Je l'ai fait graver, pl. I, n.° 7.

(2) Voyez MIONNET, *Description*, tom. I, p. 250.

(3) TORREMUZZA, *Sicil. veter. num.* tab. XLIX, n. 9.

(4) SCAURUS, pag. 2255, ed. Putsch.

CHI (1), et sur lesquels on lit *VAALA* pour *VALA*, *FEELIX* pour *FELIX*, et *IVVS* pour *IVS*, confirment pleinement cette observation (2). Le P. ZACCHARIA, trouvant sur une inscription antique, *LIIBERTIIS CUM SUIIS*, écrit avec le double *I* pour exprimer l'*I* long, a fait de cet exemple une règle de paléographie (3); et, par une extension de la même règle, le P. LANZI a remarqué (4) que le double *I* se trouvoit quelquefois mis en place de l'*E* dans des inscriptions funéraires expliquées par BALDINI (5) et par LUPI (6). Il me semble que ce petit nombre de faits, dont quelques-uns appartiennent à la langue grecque, peuvent servir à justifier l'orthographe suivie sur le monument d'*Amycles;* et, dans tous les cas, je pense qu'il est au moins téméraire de regarder comme faux et controuvé tout exemple d'une pratique nouvelle, d'après le seul motif qu'elle paroît nouvelle.

La *chronique d'Amycles*, étant, de tous les monumens publiés par FOURMONT, celui qui a le plus d'importance et d'étendue, est aussi celui contre lequel la critique a dirigé le plus d'efforts et réuni le plus d'argumens. M. KNIGHT s'étonne, car c'est toujours sous cette forme de la surprise qu'il reproduit ses objections, s'étonne, disons-nous, qu'un monument aussi ancien que celui-là, qui fournissoit autant de secours à la chronologie pour certifier les dates des événemens les plus considérables de la tradition poétique, soit demeuré inconnu à tous les voyageurs et savans antiquaires qui, dans les divers âges, essayèrent de rectifier l'ancienne chronologie; et cette ignorance lui semble plus incompréhensible encore, quand elle porte sur une inscription déposée

(1) *In amphit. camp. titul.* ad calcem.
(2) Voy. VISCONTI, *Iconogr. romaine*, tom. I, p. 41, note 1.
(3) *Istituz. lapidar.* pag. 316.
(4) *Saggio di ling. etrusca*, tom. I, pag. 164.

(5) *Dissertat. Corton.* tom. II, p. 151 et sqq.
(6) *Epistol. S. Sever.* pag. 87. Voy. les nombreux exemples que le docte ECKHEL a cités plus récemment encore à l'appui de cette doctrine (t. IV, p. 46, 47).

dans un des temples les plus célèbres et au sein d'une des provinces les plus fréquentées de la Grèce. Mais comment M. Knight ne voit-il pas que toutes ces difficultés pourroient être élevées, avec plus ou moins de raison et de succès, contre cette multitude de monumens de toute espèce qu'on enlève journellement des ruines de la Grèce? a-t-il oublié que ces monumens, exposés à tous les regards, sur les voies publiques, dans les temples des dieux, dans les palais des magistrats, n'ont cependant pas empêché les auteurs les plus graves de commettre, contre la chronologie, l'histoire, l'administration civile et religieuse, des fautes qu'une légère inspection de ces monumens leur eût fait éviter ; et que c'est enfin avec le secours de ces inscriptions, jadis l'objet de tant d'indifférence, que nous sommes parvenus à rectifier une foule d'opinions anciennes, à suppléer et à éclaircir plusieurs parties de l'histoire grecque, restées incomplètes et obscures pour les Grecs eux - mêmes? Faut-il d'autres preuves de la négligence avec laquelle ils traitoient quelquefois leurs monumens, que cette découverte faite par le père d'Acusilas, dans son propre jardin, des *tables de bronze*, δέλτων χαλκῶν (1), contenant l'ordre et la succession chronologique des prêtresses d'*Argos*, et que l'oubli dans lequel elles retombèrent bientôt après, puisque nous ne les trouvons plus mentionnées nulle part après Hellanicus de Lesbos, qui en fit la base de sa chronologie? A *Rome*, n'apprenons-nous pas de Polybe lui-même (2), qu'il découvrit et montra aux Romains étonnés un important traité de paix conclu par leur république avec les Carthaginois, peu de temps après l'expulsion des rois? et, chose vraiment prodigieuse, *trois mille* monumens également authentiques, de tout âge et de toute nature, sénatus-consultes,

---

(1) Suidas, *voç.* Ἀκουσίλαος.

(2) Polyb. lib. III, pag. 179, edit. Casaubon. *in-folio, 1609.*

plébiscites, &c., ne furent-ils pas trouvés, au Capitole même,
couverts de la poussière des siècles, sous le règne de Vespasien,
qui les fit recueillir, et au temps de SUÉTONE, qui nous l'atteste (1)? Que prouveroit donc contre l'authenticité de la *chronique d'Amycles* le silence des auteurs grecs, qui avoient tant
d'autres monumens à consulter, et qui y firent généralement si
peu d'attention? Est-il vrai, d'ailleurs, que le temple et la province où étoit conservée cette inscription, fussent, comme le dit
M. KNIGHT, au nombre des plus fréquentés de la Grèce? ne
sembleroit-il pas, d'après une pareille assertion, que le temple
d'*Amycles* fût, comme le sanctuaire de *Delphes* ou l'académie
d'*Athènes*, accessible à tous les curieux de la Grèce? et le critique,
qui suppose, sans preuve, que l'institution de Lycurgue changea
la langue de *Sparte*, voudroit-il aussi, contre la foi de tous les
documens historiques, soutenir que cette institution changea encore le génie des Spartiates, et abolit la *xénélasie!* Enfin possé-
dons-nous tous les écrits des Grecs? et s'ensuit-il nécessairement
de ce que cette chronique n'est mentionnée dans aucun de ceux
qui nous restent, qu'elle ait été inconnue à *tous* les voyageurs,
les antiquaires et les écrivains?

L'objection que M. KNIGHT tire du silence des auteurs, relativement à la *chronique d'Amycles,* déjà si foible par elle-même,
devient d'ailleurs bien facile à réfuter par l'exemple de la *chronique de Paros,* dont on ne trouve également aucune mention
dans les écrits de l'antiquité, et qui n'en est pas pour cela moins
authentique. Aussi le critique a-t-il cherché à prévenir l'argument qu'on peut tirer de cet exemple, en supposant que *la chronique de* Paros *ne contenoit que les opinions particulières d'un obscur
chronologiste;* et il conclut de là qu'*il n'est pas surprenant qu'aucun
auteur ancien n'ait daigné citer ce monument.* Voilà donc M. KNIGHT

(1) SUETON. *in Vespasian.* c. VIII.

conduit, par le desir d'inculper la *chronique d'Amycles*, à la nécessité d'ébranler la foi due aux marbres de *Paros;* obligé de les
représenter comme l'ouvrage de quelque chétif écrivain ; condamnant enfin, d'un seul trait de plume, le monument le plus
étendu et le plus précieux que le temps ait laissé parvenir jusqu'à nous. On conviendra sans doute qu'une pareille méthode
de critique est fort singulière, et je m'abstiens, par politesse, de
la qualifier comme elle le mérite. Mais à qui M. KNIGHT per-
suadera-t-il qu'un aussi médiocre et probablement aussi pauvre
écrivain que celui qu'il suppose avoir rédigé la *chronique de Paros*,
ait pu faire graver ses opinions sur du marbre, et les ait jugées
dignes de passer, sous une forme si incommode et si dispen-
dieuse, à la dernière postérité? Est-ce donc un simple particulier et un littérateur inconnu qui, pour se rendre compte à
soi-même de ses propres idées et se composer un système de
chronologie, va s'engager dans de semblables dépenses? et n'est-
il pas un peu étrange que, pour trouver invraisemblable ce qui
ne l'est pas, M. KNIGHT se laisse entraîner lui-même à une si
forte invraisemblance? D'HANCARVILLE s'est efforcé de montrer (1), et peut-être avec succès, que, telle qu'elle est, la *chronique d'Amycles* sert à fixer l'époque des premiers rois de *Lacédémone* conformément au calcul adopté par l'auteur de la *chronique
de Paros* et au système des auteurs modernes qui ont travaillé sur
ce dernier monument; et M. KNIGHT conclut de cette conformité, que la *chronique d'Amycles* a été fabriquée d'après les écrits
de ces auteurs. Il faut être doué de la foi robuste qu'a M. KNIGHT
dans ses propres opinions, pour voir dans un pareil accord de
deux monumens dont l'un est certainement ancien et original,
la preuve de la fausseté et de la supposition de l'autre. Mais
tous ces raisonnemens du critique sont tellement dictés par la

(1) *Recherches*, t. II, p. 259 et suiv.

prévention et dépourvus d'autorité, qu'il suffisoit de les exposer pour les détruire. Dans les objections qui suivent, l'auteur a voulu s'appuyer de données historiques, et, malheureusement, ses opinions n'en sont pas mieux fondées.

« Conformément au calcul établi par D'HANCARVILLE, dit » M. KNIGHT, Eurotas et Lacédæmon étoient contemporains de » Cadmus, auquel la tradition générale a attribué l'introduction » des lettres dans la Grèce. Si cette tradition est fondée, Eurotas » n'a pu se servir d'autres caractères que de ceux des Phéniciens, » tels que nous les possédons sur les anciennes monnoies de ce » peuple, et de ses colonies d'*Afrique*, d'*Espagne* et de *Sicile*. » On sait que ces caractères étoient au nombre de seize, écrits » de droite à gauche; et les formes de la plupart, comparées à » celles des lettres grecques, offrent une extrême dissemblance. » Arrêtons-nous ici pour faire quelques observations.

Le synchronisme d'Eurotas et de Cadmus, établi par D'HAN-CARVILLE (1), suivant l'opinion de LYDIAT (2) et du chevalier MARSHAM (3), ne repose sur aucun fondement solide, ou, du moins, sur aucun monument authentique. Il est bien vrai que les deux derniers s'autorisent du *marbre de Paros*. Mais comment M. KNIGHT, dont la critique est généralement si exacte, n'a-t-il pas remarqué qu'ils ne pouvoient trouver ce synchronisme dans le monument en question, qu'en remplissant une lacune qui s'y rencontre, *ligne 13*, Ἀφ᾽ οὗ...... ιχῆς ἐϐασίλευσαν, de cette manière : Ἀφ᾽ οὗ ΕΤΡΩΤΑΣ ΚΑΙ ΛΑΚΕΔΑΙΜΩΝ ΛΑΚΩΝιχῆς ἐϐασίλευσαν : et cela, sans aucun autre motif que celui-ci, qu'exprime naïvement MARSHAM (4) : *Ne desiderentur in marmore nobilissimæ gentis origines, legendum velim* τῆς Λακωνιχῆς ἐϐασίλευ(σαν, *et de*

---

(1) *Recherches*, tom. II, pag. 333.
(2) LYDIAT, *Comment. ad Marm.* Oxon. epoch. VIII.

(3) MARSHAM, *Canon. chron.* p. 124.
(4) *Idem, ibid.*

Eurota atque Lacedæmone regibus intelligendum ! Personne n'ignore qu'une pareille restitution, quelqu'ingénieuse et même quelque probable qu'elle puisse être, ne sauroit avoir l'autorité d'un monument original ; et quoiqu'elle paroisse avoir entraîné aussi l'assentiment de M. LARCHER (1), elle n'en reste pas pour cela plus authentique. Un témoignage de PAUSANIAS, qui nous a conservé la tradition ancienne, est plus propre, selon nous, à fixer la véritable époque d'Eurotas. Cet historien rapporte en deux endroits divers, et, chaque fois, au nom d'un peuple différent (2), l'opinion qui faisoit vivre Lélex, aïeul d'Eurotas, dans le même temps que Triopas, roi d'*Argos,* et septième descendant d'Inachus. La généalogie des Inachides étant la mieux connue, et, pour ainsi dire, le pivot autour duquel tourne toute la chronologie ancienne des Grecs, c'est donc à ce synchronisme que nous devons nous attacher ; et nous pouvons d'après cela présumer, avec assez de certitude, qu'Eurotas, petit-fils de Lélex, florissoit vers le même temps que Sthénélus, petit-fils de Triopas, c'est-à-dire, en l'an 1625 avant notre ère, ou près d'un siècle avant l'époque qui lui est assignée par M. LARCHER (3), et environ soixante-quinze ans avant l'arrivée de Cadmus en *Béotie.* C'est-là, selon nous, la vraie époque d'Eurotas, ou du moins la seule qui repose sur un témoignage certain, sur un fondement réel ; par conséquent, le synchronisme prétendu de ce prince et de Cadmus, et l'induction qu'en tire M. KNIGHT, se trouvent également détruits.

Mais, en accordant même à M. KNIGHT que Cadmus et Eurotas aient été contemporains, s'ensuivroit-il de là que le dernier de ces princes ait dû faire usage des caractères qu'on prétend avoir été introduits par l'autre dans le commerce des Grecs ?

---

(1) LARCHER, *Chronolog. d'Hérod.* *Canon,* pag. 570, 2.ᵉ édit.

(2) PAUSAN. l. III, c. 1 ; l. IV, c. 1.

(3) LARCHER, *ouvrage cité plus haut, Canon,* pag. 569-570.

Seroit-il

Seroit-il vrai, en second lieu, que l'alphabet des monumens
gravés sous Eurotas dût se trouver absolument conforme, pour
le nombre et la figure des lettres, à celui que donnent les monnoies phéniciennes, dont les plus anciennes sont encore si
récentes relativement à l'époque de Cadmus et d'Eurotas ?
M. KNIGHT tranche ainsi, sans même essayer de la discuter,
l'importante et épineuse question de l'origine de l'alphabet grec;
question qui a produit tant de livres, et qu'un seul monument
bien authentique, de l'âge et de la nature de ceux qu'a publiés
FOURMONT, eût pu décider sans retour, si le scepticisme ne se
fût emparé de ces monumens et n'en eût décrédité l'emploi.
Je me garderai bien d'imiter ici une hardiesse que je blâme en
M. KNIGHT; mais j'observerai que l'opinion qui attribue à
Cadmus l'introduction du premier alphabet dans la Grèce, a
pour garant unique une conjecture exprimée par HÉRODOTE
sous la forme du doute (1), et répétée par des écrivains posté-
rieurs avec le ton de l'assurance. J'ajouterai qu'une assertion
précisément contraire est faite par DIODORE DE SICILE, qui dit
que, plusieurs générations avant Cadmus, les Grecs avoient des
caractères, et s'en étoient servis pour composer des monumens,
mais qu'un déluge détruisit ces premiers essais d'une civilisation
indigène (2); que cette tradition est confirmée par le témoignage d'HOMÈRE, auteur plus ancien et probablement mieux
instruit encore qu'HÉRODOTE, qui donne aux *Pélasges*, ou Grecs
primitifs, l'épithète de Δῖοι, *divins* (3), parce que, suivant
EUSTATHE, ils avoient seuls, après une grande inondation,
conservé la connoissance des caractères de l'écriture (4); que

(1) HERODOT. lib. v, cap. 58: Οἱ δὲ
Φοίνικες... οἱ σὺν Κάδμῳ ἀπικόμενοι... ἐσήγα-
γον... ἐς τοὺς Ἕλληνας ᾗ δὴ καὶ γράμματα, οὐκ
ἐόντα πρὶν Ἕλλησι, ΩΣ ΕΜΟΙ ΔΟΚΕΈΙΝ.
Vid. WESSELING. *ad hunc locum.*

(2) DIOD. SICUL. lib. v, c. 57 et 74,
et *not.* WESSELING. *ad h. l.*
(3) HOMER. *Iliad.* lib. II, v. 827.
(4) EUSTATH. *ad* HOMER. *loc. laud.*

I

cette tradition d'une écriture particulière aux *Pélasges* est encore mieux confirmée par l'existence d'inscriptions grecques antérieures au siècle de Cadmus, telles que celle que portoit probablement le tombeau de Corébus à *Mégares*, monument que PAUSANIAS, qui l'avoit vu (1), estime le plus ancien qui existât dans la Grèce, comme étant de l'an 1678 avant notre ère (2); que le même PAUSANIAS cite encore en d'autres endroits des monumens en *anciens caractères* ou *lettres attiques* (3), lettres également mentionnées par DÉMOSTHÈNE (4) et par DIODORE (5), lettres dont s'étoit servi l'ancien LINUS pour composer ses ouvrages (6), et dont les formes étoient, de l'aveu de TACITE (7) et de PLINE (8), presque semblables à celles qu'avoient de leur temps les lettres latines. Ce dernier témoignage est peut-être le plus propre à résoudre une question embarrassée de tant de contradictions : car PLINE pouvoit aisément comparer les anciens caractères grecs avec ceux qu'il employoit habituellement lui-même ; il avoit sous les yeux une inscription apportée du sanctuaire de *Delphes*, et conservée à *Rome* dans la bibliothèque palatine (9); il la rapporte textuellement, et il affirme que les

(1) PAUSAN. lib. 1, cap. 43.

(2) LARCHER, *Chronolog. d'Hérod. Canon*, pag. 569.

(3) PAUSANIAS, lib. VI, cap. 19.

(4) DEMOSTH. *apud* SUIDAM, *voce* Ἁλιασμός.

(5) DIODOR. SICUL. lib. III, cap. 66.

(6) *Idem*, lib. V, cap. 57.

(7) TACIT. *Annal.* lib. XI, c. 14.

(8) PLIN. *Histor. natur.* lib. VII, cap. 57.

(9) Si cette inscription étoit parvenue jusqu'à nous, au moins dans une copie conforme au monument original, la question de la nature de l'alphabet grec seroit sans doute décidée pour nous, comme elle l'étoit aux yeux de PLINE. Malheureusement, il ne nous en reste que des copies fautives, où la vraie forme des caractères a disparu, et dont le texte même est altéré, au point d'offrir des sens entièrement différens. J'avois espéré que les nombreux manuscrits de PLINE qui existent à la bibliothèque de Saint-Marc à *Venise*, pourroient nous procurer une copie plus fidèle : mais des *fac-simile* de tous ces manuscrits, levés par M. l'abbé MORELLI et qui m'ont été communiqués, ne renferment que des leçons également barbares, et où la figure des lettres de l'inscription originale est également méconnoissable.

lettres dont elle se compose, *étoient, pour la figure, à peu près les mêmes que celles de l'alphabet romain.* Ce dernier nous étant connu, puisque c'est celui dont nous nous servons nous-mêmes, il n'est donc pas possible de douter, à moins de donner à PLINE et à TACITE un démenti formel, que les anciennes lettres attiques ou pélasgiques ne fussent semblables à celles de notre alphabet moderne. Mais qui oseroit contredire, d'après un simple doute exprimé par HÉRODOTE, une assertion claire, positive, énoncée par deux auteurs graves, à l'aspect des monumens mêmes dont l'autorité est, en pareil cas, irréfragable?

Ceux de ces monumens qui nous restent de l'âge le plus voisin des temps où étoient encore employés les caractères pélasgiques, confirment d'ailleurs pleinement le témoignage de PLINE et de TACITE. Les lettres avec lesquelles sont écrites les deux célèbres inscriptions des *colonnes Farnèses,* inscriptions gravées, comme l'on sait, par l'ordre d'Hérode Atticus, à l'imitation des anciens caractères attiques (1), nous offrent presque toutes les formes actuellement usitées parmi nous ; savoir, *A*, D, E, I, H, K, O, N, *M*, R, S, T, U. Une antique inscription déterrée à *Athènes,* pendant le séjour qu'y fit M. STUART, présente le D, *FR*, le v, sous la forme latine (2). La même forme du *delta* grec paroît au revers en creux des monnoies de la ville de *Cranium* (3), sur un quinaire de *Dancle* ou *Zancle,* de la plus ancienne fabrique (4), et sur-tout dans la célèbre inscription trouvée à *Larisse,* en Argolide, par M. GELL, et sur laquelle le nom Ασπασος est ainsi écrit : ADPAMTOM (5). Le *gamma* des plus antiques mé-

---

(1) SALMAS. *Comment. ad tab. Herod. Attic.;* SCALIGER, *Animadvers. ad Euseb.* pag. 110 et sqq.
(2) D'HANCARVILLE, *Recherches,* tom. II, pag. 374; vid. *Tabul. litt. alph.* ED. BERNARDI, *cum supplement.* D.

MORTON, col. IX, London, 1759.
(3) Conf. HUNTER, *Nummor. veter.,* tab. XXI, n. 14, 15; ECKHEL, *Doctrin. num.* tom. II, pag. 271.
(4) Dans le cabinet de M. GOSSELLIN.
(5) GELL, *Argolis,* pl. VII, London,

I 2

dailles de *Gela*, de *Rhegium*, d'*Agrigente* (1), est fait comme le G
des plus anciens monumens latins, et diffère peu, par conséquent,
de la forme actuellement usitée. Le *rho*, sur une ancienne médaille d'*Agrigente*, sur une de *Syracuses* (2), qui appartient également aux premiers temps du monnoyage, sur les deux plus
anciennes médailles de *Tarente* du cabinet du Roi, qui offrent la
légende TARAT, écrite à rebours (3), et sur les médailles à revers
creux de *Larisse* et de *Pharsale* (4), offre exactement la figure
d'un R. Le *sigma* paroît de même sous une forme moderne, s,
dans la seconde *inscription de Sigée* ; et cette même lettre s
(ainsi que le T, l'I, l'o) s'offre absolument figurée comme dans
l'alphabet latin du temps de PLINE, sur cette antique *inscription de
Délos*, copiée par le secrétaire de FOURMONT (5), que je n'aurois
peut-être pas osé citer à l'appui de mes idées, si M. KNIGHT,
qui l'a publiée de nouveau (6), ne la regardoit, par une exception honorable, comme un monument authentique, et enfin sur
les médailles des Messéniens de *Zancle*, de la haute antiquité desquelles les plus doctes antiquaires ne forment aucun doute (7).
L'inscription athénienne si célèbre sous le nom de *marbre de
NOINTEL*, laquelle a été expliquée, après Dom MONTFAUCON,
par le P. CORSINI (8), et que ce docte antiquaire considère

1810. Cette antique et curieuse inscription présente plusieurs singularités paléographiques du plus haut intérêt, et très-
propres à justifier quelques-unes des
formes de lettres suivies dans les inscriptions de FOURMONT.

(1) Ces médailles appartiennent également au cabinet de M. GOSSELLIN : j'ai
fait graver celle de *Rhegium* ; voy. *pl. I*,
n.º 3.

(2) Ces médailles sont au cabinet du
Roi et dans d'autres collections.

(3) PELLERIN, *IV.ᵉ supplément*, p. 25;

ECKHEL, *Doctrin. num.* tom. I, p. 145.

(4) Voyez MIONNET, *Description*,
planche XXXIV, n. 130, 131.

(5) Voy. GÉBELIN, *Origine du langage*, pag. 476; LANZI, *Saggio*, t. I,
pag. 102; *Nouvelle Diplomatique*, t. I,
pag. 629.

(6) KNIGHT, *Analys. of greek alph.*
pag. 72, et pl. I, n.º 3.

(7) ECKHEL, *Doctrin. num.* tom. I,
pag. 221.

(8) *Fast. Attic.* dissertat. IV, p. 159.

comme le plus ancien modèle de l'écriture attique, offre, dans
la plupart des lettres qui la composent, la plus grande analogie
avec les caractères correspondans de l'alphabet romain ; et cette
conformité a été également remarquée par le savant P. LANZI (1).
Le *lambda* paroît figuré, à très-peu de chose près, comme le L
latin, et non sous la forme qu'on lui connoît dans les monumens
grecs d'un âge plus récent, sur une inscription athénienne,
antérieure à l'archontat d'Euclide, laquelle faisoit partie de la
collection de M. DE CHOISEUL, et est maintenant en notre possession ; sur une inscription d'*Athènes*, de l'an 432 avant Jésus-
Christ, qui se trouve dans la collection du Musée britannique,
et a fourni le sujet d'une dissertation à feu M. VISCONTI (2).
La même lettre reparoît sous la même forme dans les médailles
de *Zancle*, dont l'antiquité n'est point douteuse, et sur une médaille samnite, du cabinet du Roi, frappée au temps de la *guerre
sociale*, avec l'effigie des Dioscures au revers, et l'inscription ITALIA
en anciens caractères grecs (3). Enfin le *kappa* de quelques
médailles de *Crotone*, de la plus ancienne fabrique, et des monnoies de *Corinthe* et de *Syracuses*, d'un âge plus moderne, ressemble au Q latin (4). En étendant plus loin une semblable
recherche, je crois qu'il seroit facile de retrouver dans les plus

(1) LANZI, *Saggio*, tom. I, p. 106-108.

(2) Cette dissertation, communiquée à l'*Académie des Belles-Lettres*, a été in-sérée par extrait dans le *Classical Journal*, n.° XXVII, pag. 185 et suiv. Une autre inscription rapportée par CLARKE (*Travels*, part. II, sect. 2, pag. 593), et pareillement conservée dans le Musée britannique, offre la même figure du *lambda*.

(3) OLIVIER. *Saggi di Corton.* tom. II, pag. 49; tom. IV, pag. 133. ECKHEL,
Doctrin. num. tom. I, pag. 103-104. Ce dernier regarde comme *latins* les carac-tères de l'inscription que j'ai citée. Mais je crois fortement qu'il se trompe, et qu'il a confondu cette médaille avec d'autres d'un style et d'un travail différens, qui offrent effectivement la même inscription en lettres romaines. Voyez, toutefois, ce que dit à ce sujet M. MILLINGEN dans son *Recueil de médailles grecques inédites*, p. 29.

(4) Ces médailles sont dans tous les cabinets.

anciens monumens qui nous sont restés des Grecs, tous les élémens d'un alphabet presque entièrement semblable à celui des
Romains et au nôtre. Que l'on compare maintenant les formes
des lettres employées dans les diverses inscriptions que j'ai indiquées, comme aussi celles des caractères que portent les plus
anciennes médailles grecques de la *Sicile*, de l'*Italie méridionale*
et du *Péloponnèse*, avec les formes des lettres qui y correspondent
dans les divers alphabets phéniciens que nous connoissons (1);
on verra qu'à l'exception de quatre ou cinq, dont la similitude
encore est assez éloignée, les autres caractères n'ont entre eux
aucun trait d'analogie. De tous ces faits, que je n'ai pas ici le
loisir de développer davantage, mais qui pourroient devenir le
sujet d'un examen intéressant, je crois qu'il m'est permis de
conclure, 1.º que les Grecs avoient un alphabet avant l'établissement de Cadmus, et que ce sont les caractères de cet alphabet
national que désignent les auteurs grecs, quand ils parlent des
lettres *anciennes*, ou *attiques*, ou *pélasgiques*; 2.º que l'invention
des Phéniciens se borna à changer ou à modifier la forme de
quelques caractères, à régler l'ordre dans lequel ils devoient
être rangés, et enfin à nommer chacun de ces caractères du nom
par lequel il étoit désigné dans leur propre langue, ou du moins
d'un nom approchant. Il n'en falloit pas tant, sans doute, pour
les faire regarder comme les vrais auteurs de l'invention de
l'alphabet, et pour accréditer l'opinion d'HÉRODOTE; opinion
qu'il avoit probablement adoptée dans ses voyages en Orient,
plutôt qu'il ne l'avoit conçue de lui-même en présence des monumens de son pays.

(1) Une foule d'auteurs ont donné des alphabets phéniciens, tous puisés à des sources plus ou moins incertaines. Voy. ce que dit à ce sujet ECKHEL (*Doctr. num.* tom. III, pag. 404). Ceux que l'abbé BARTHÉLEMY a publiés paroissent mériter le plus de confiance (*Acad. des Bell.-Lettr.* tom. XXX, pag. 405, et tom. XXXII, pag. 725).

Mais je ne voudrois d'autre preuve de la méprise d'HÉRODOTE, que le témoignage même de cet historien. Il assure (1), avec sa candeur ordinaire, qu'il a vu lui-même et copié des inscriptions en *lettres cadméennes* sur des trépieds consacrés dans un temple thébain, et que ces lettres sont, *pour la plupart*, semblables aux *caractères ioniens*. Ce passage a toujours été mal interprété, et spécialement par M. KNIGHT (2), qui, croyant qu'HÉRODOTE veut ici désigner les lettres ioniennes usitées de son temps, les trouve très-différentes des lettres phéniciennes, telles que nous les connoissons d'après des médailles à peu près contemporaines, et suppose, ou que les lettres cadméennes avoient totalement changé dans l'intervalle de Cadmus à Laïus, ou que les inscriptions montrées à HÉRODOTE avoient été forgées : deux suppositions également hardies et inadmissibles. Mais il est évident que, par *lettres cadméennes*, HÉRODOTE n'a pas voulu désigner des caractères phéniciens; car probablement il n'auroit pu ni lire ni comprendre des inscriptions rédigées avec ces caractères (3); et, par ces *lettres ioniennes*, il n'a pu faire entendre que celles qu'on appeloit indifféremment *attiques* ou *pélasgiques*, c'est-à-dire, les anciens caractères particuliers aux Grecs (4) : de sorte que ce passage montre tout-à-la-fois, et que les lettres cadméennes étoient les anciennes lettres grecques revêtues de noms nouveaux, et disposées conformément à l'ordre phénicien, et que cette double modification n'avoit pu détruire la ressemblance qui existoit entre l'alphabet grec primitif et le même alphabet perfectionné par Cadmus;

---

(1) HÉRODOT. lib. V, c. 57-58.

(2) *Analys. of greek alphab.* pag. 120.

(3) Ce qui le prouve évidemment, c'est la découverte, faite au temps d'Agésilas, d'inscriptions phéniciennes déposées dans le tombeau d'Alcmène, et qu'aucun Grec ne put ni lire ni comprendre : le fait est attesté par PLUTARQUE (*De Genio Socrat.* tom. IV, §. V, pag. 306, edit. Hutten).

(4) PLINE, lib. VII, c. 57 : *Gentium consensus tacitus primus omnium conspiravit, ut* IONUM *litteris uterentur.* Ce passage confirme entièrement notre interprétation.

ressemblance encore sensible au temps d'Hérodote, comme le
prouvent, à l'appui de son témoignage, les monumens que j'ai
cités plus haut, et qui sont, pour la plupart, d'un âge peu éloigné
du sien. Ainsi s'explique l'assertion de l'historien grec, sans recourir aux violentes suppositions de M. Knight; et cette assertion
même devenant conforme aux vérités de fait que j'ai précédemment exposées, il en résulte, contre son propre sentiment, que
les Grecs eurent, antérieurement à Cadmus, un alphabet national, qui fut seulement modifié ou légèrement changé par suite
de l'établissement de ce prince phénicien. Je dois observer que
Scaliger avoit eu la même idée (1), mais sans la développer,
et sans en saisir, à ce qu'il me semble, les vrais rapports. Le
P. Lanzi interprète également le passage en question d'Hérodote, de manière que l'analogie des *lettres ioniennes* et des *lettres
attiques* y soit établie (2); mais il contredit, bientôt après, cette
opinion (3), qu'il ne fait, d'ailleurs, qu'énoncer, et à laquelle je
crois avoir donné un nouveau degré de certitude, ou, du moins,
de vraisemblance (4).

Que devient à présent l'objection de M. Knight sur ce que,
dans l'inscription attribuée à Eurotas, la forme triangulaire de
l'*omicron*, ▼, et la forme du *rho*, ▶, que l'on y voit, ne se re-

(1) Scaliger, *Animadv. in Chronic.*
Euseb. pag. 112.

(2) *Saggio*, tom. I, pag. 79-80.

(3) *Idem, ibidem*, tom. I, pag. 180.

(4) L'opinion que je viens d'établir
sur l'identité de l'alphabet grec primitif
et de l'alphabet romain, est exprimée,
mais sans aucun des développemens où
j'ai cru devoir entrer, par le docte et
judicieux Eckhel, dont le sentiment
ne sera sans doute point rejeté de
M. Knight : *Latinos alphabetum, ut
illud à Græcis acceperant, integrum illæ-*

*sumque conservasse, argumento est ora-
culum* Plinii, *ipsis etiam vetustissimis
Græcorum monumentis confirmatum, ad-
serentis veteres græcas litteras fuisse eas-
dem pæne quæ nunc sunt latinæ* (Doctr.
nummor. tom. *I, pag. 120*). Un ingénieux
critique anglais, M. Drummond, a
développé, dans l'explication de quelques
monumens céltibériens, une opinion
concernant l'origine de l'alphabet grec,
que je ne partage point; mais que je n'ai
pas le loisir de réfuter ici (voy. *Classical
Journal*, vol. II, pag. 907-923).

trouvent

trouvent ni dans l'alphabet phénicien, ni dans l'alphabet ionien ? Et qu'y a-t-il de surprenant à ce que les Grecs, avant Cadmus, aient ignoré des caractères usités seulement depuis lui, et que les contemporains d'Eurotas ne se soient point servis de lettres employées par les Ioniens du temps d'HÉRODOTE ? Écoutons ce que dit ensuite M. KNIGHT :

« Je veux bien toutefois abandonner un argument *aussi fort* » contre l'authenticité de ces monumens, et admettre que les » lettres étoient connues dans la Grèce avant l'introduction de » l'alphabet phénicien par Cadmus. » Je viens de montrer, ce me semble, qu'en renonçant à cet argument, M. KNIGHT ne fait pas un grand sacrifice, et il peut être généreux de cette manière sans craindre de se faire beaucoup de tort. « Le principal motif qui » me porte à cette concession, est que les premiers chefs de pirates » qui introduisirent les lettres dans la Grèce, durent y apporter » un alphabet beaucoup moins parfait, et probablement aussi » plus ancien que l'alphabet cadméen. » Ce *motif principal* n'est au fond qu'une hypothèse, et l'auteur ne la fortifie d'aucune raison plausible. Il m'est donc permis de dire que cette opinion, que je partage, ne devient pas plus certaine pour être simplement énoncée par M. KNIGHT. La suite des argumens du critique pour prouver que, même dans la supposition d'un alphabet grec anté-rieur à celui de Cadmus, l'inscription votive d'Eurotas ne sauroit paroître authentique, est entremêlée de quelques notions histo-riques qu'il est nécessaire d'examiner. Pour procéder avec ordre dans cet examen, je suivrai pas à pas M. KNIGHT, en n'élaguant que les faits étrangers à la question principale, et en resserrant ses objections sous la forme la plus concise, et conséquemment la plus propre à en conserver toute la force.

L'alphabet des *tables eugubiennes*, lequel ne renferme que douze signes ou caractères, est *probablement*, selon M. KNIGHT,

K

l'alphabet originaire des Pélasges (1). Il dit *probablement ;* par
conséquent, ce n'est ici qu'une conjecture à laquelle nous aurions
tort de mettre plus d'importance que l'auteur ne semble y en
attacher lui-même. J'observe toutefois que, pour retrouver le
véritable alphabet pélasgique, le plus sûr est de s'en tenir à la
comparaison faite par PLINE et par TACITE ; comparaison dont
j'ai plus haut exposé les résultats, et dont les monnoies et les
inscriptions anciennes nous ont conservé presque tous les élémens. S'en rapporter uniquement aux tables eugubiennes, c'est
affecter pour les autres monumens que je viens d'indiquer, une
indifférence que réprouve la saine critique. L'opinion qui tend
à confondre l'alphabet étrusque avec l'alphabet pélasgique, a
d'ailleurs été combattue, et, à ce qu'il semble, solidement réfutée par le P. LANZI. Et en effet, parmi les divers alphabets ita-
liens, lesquels diffèrent tous les uns des autres, qui peut se flatter
de découvrir celui qui appartient véritablement aux Pélasges ?
Ce peuple n'habita pas seulement parmi les Tyrrhéniens ; il fut
mêlé aux Aborigènes, aux Ombres, aux Osques ; et, pour tout
dire en un mot, il n'est aucune des nations de *l'Italie* qui
ne l'ait eu pour voisin ou pour allié. Comment donc pourroit-
on parvenir à démontrer qu'un de ces peuples ait conservé
plus qu'un autre l'alphabet pélasgique (2) ? Ce n'est pas que
le P. LANZI nie ou méconnoisse l'origine grecque de l'alphabet

---

(1) Cette opinion est aussi celle qu'a
embrassée un savant anglais, M. ASTLE
(History of Writing), et, avant celui-ci,
le célèbre antiquaire italien GORI *(Difesa
dell' alfabeto*, pag. 133). Mais, en adoptant ce système sans l'appuyer d'aucune
preuve nouvelle, M. KNIGHT ne devoit
pas du moins laisser sans réponse ou
même paroître ignorer tout-à-fait les difficultés qu'a élevées contre cette opinion

le savant P. LANZI ; difficultés qui me
semblent insurmontables, et que j'indiquerai tout-à-l'heure.

(2) *Saggio di lingua etrusc.* tom. II,
pag. 207. Ailleurs, tom. I, pag. 160, le
même auteur dit encore, en parlant des
tables eugubiennes : *Le tavole predette
non posson esser anteriori al settimo secolo
di Roma, se non di poco ; ed è vano cer-
care in esse l'alfabeto e il linguaggio pelasgo.*

étrusque : au contraire , il adopte cette opinion ; et les argumens
nouveaux qu'il a produits à l'appui (1), la rendent désormais aussi
certaine qu'il est possible : mais, en même temps, il s'attache à
montrer que les monumens de cette langue étrusque, auxquels
on a perpétuellement recours pour y trouver l'alphabet et l'i-
diome primitifs des Grecs, ne sauroient appartenir à une antiquité aussi élevée. Les plus anciennes de ces inscriptions eugubiennes, dans lesquelles BOURGUET, GORI, BARDETTI, croyoient
voir des *chants lamentables* sur ces désastres des Pélasges que
décrit DENYS D'HALICARNASSE (2), et dont quelques autres antiquaires ont essayé de donner des interprétations toutes différentes et non moins invraisemblables (3) ; les plus anciennes,
dis-je, de ces inscriptions sont jugées par le P. LANZI postérieures à Démarate, c'est-à-dire au second siècle de *Rome* ; et
celles qui suivent, lui semblent appartenir aux IV.e et V.e siècles,
jusqu'au VIII.e inclusivement. C'est dans l'ouvrage même de ce
docte antiquaire qu'il faut chercher les preuves et les argumens
dont il appuie cette opinion ; mais je ne puis omettre la conséquence qu'il en tire, et qui semble dirigée contre le système
particulier que je combats en ce moment : *Cette réduction de l'antiquité étrusque rendra , dit-il, un grand service à la paléographie
grecque , attendu que les auteurs qui en ont traité , entraînés par l'opinion de GORI , ont recours aux monumens étrusques toutes les fois qu'ils
veulent montrer l'antiquité de quelque caractère grec ; comme si l'on n'eût
écrit dans cette langue que dans les âges de la première antiquité* (4)!

(1) Vid. part. II, cap. 1, p. 177-198.
(2) DIONYS. HALICARN. *Antiq. rom.* lib. I, c. 23.
(3) BONAROTTI y voit des conventions politiques de peuple à peuple ; MAFFEI et PASSERI , des actes de donations privées et religieuses. Le P. LANZI, qui en a donné une expli-cation nouvelle, et la seule qui soit ad-mise jusqu'à présent (*Sagg. di ling. etrusc.* tom. III, pag. 658 et suiv.); les croit toutes relatives aux fonctions du culte divin : *Tutte riguardano le sacre funzioni, or sotto un aspetto, or sotto un altro.*
(4) *Oper. laud.* tom. I, pag. 198. Au reste, l'opinion de M. KNIGHT sur l'an-

K 2

Les Pélasges, suivant l'opinion commune, continue M. KNIGHT, *formèrent la première colonie qui s'établit en Italie* APRÈS *les Étrusques.* Où l'auteur a-t-il puisé les motifs d'une assertion si étrange? Tous les historiens, et je n'en citerai qu'un seul, le plus impo-sant de tous, celui qui avoit fait l'étude la plus approfondie des émigrations du peuple Pélasge, DENYS D'HALICARNASSE (1), placent au contraire les divers établissemens des Pélasges en *Italie* plusieurs siècles AVANT la première arrivée des Tyrrhéniens; et c'est un fait historique tellement avéré, qu'il seroit superflu d'en déduire ici les preuves. Mais M. KNIGHT a-t-il au moins un seul témoignage pour autoriser son opinion? Il cite, en note, DENYS LE PÉRIÉGÈTE, *v. 347,* et malheureusement il prouve ainsi qu'il ne l'a point lu; car M. KNIGHT entend trop bien le grec pour prendre aussi complétement le change sur un passage aussi clair. Voici les vers de DENYS, lesquels n'ont pas besoin, pour être compris, du prolixe commentaire d'EUSTATHE :

Πολλὰ δὲ οἱ φῦλ᾽ ἀμφὶ, τά τοι ῥέα πάντ᾽ ἀγρεύσω,
Ἀρξάμενος πλευρῆς ζεφυείπδὸς ἐκ βορέαο.

347. Τυῤῥηνοὶ μὲν πρῶτ᾽, ᾽επὶ δέ σφισι φῦλα Πελασγῶν.

Il est évident que le poète géographe, commençant sa des-cription des nations de l'*Italie* par la partie occidentale du nord

cienneté des *tables eugubiennes,* quoique erronée, ou du moins fort exagérée, me paroît digne de considération en un sens : c'est que, si, de son propre aveu, les monumens de *Gubbio* (l'ancienne *Iguvium*), ville obscure de l'*Ombrie,* qui ne fut jamais renommée pour ses lumières ni pour ses richesses, remontent à une si haute antiquité, on ne voit pas pourquoi, au sein de la Grèce même, dans la *Laconie,* qui ne fut pas toujours le siége de la rudesse, il n'auroit pu exis-ter des inscriptions du premier âge. Ce doute n'est, à la vérité, articulé nulle part par M. KNIGHT; mais il perce invo-lontairement à travers toutes les parties de son discours. Un seul fait suffiroit ce-pendant pour le détruire; c'est l'existence de ce traité de partage fait par les Do-riens à l'époque même de leur entrée dans le *Péloponnèse,* gravé par les Messéniens *sur la pierre et sur l'airain,* et dont les originaux mêmes furent produits par ce peuple, au temps de TACITE, qui nous l'atteste (*Annal.* lib. IV, c. 43).

(1) *Antiq. roman.* lib. I, c. 13.

de cette presqu'île, place *d'abord* les Tyrrhéniens , *ensuite* les
Pélasges amenés dans le *Latium* par l'Arcadien Évandre. C'est
donc d'un ordre de position géographique, et non d'un ordre de
succession chronologique, que doivent s'entendre les paroles de
DENYS , sur le sens desquelles personne jusqu'à ce jour ne s'étoit
trompé ; et je suis presque confus d'avoir à relever une semblable
méprise dans un critique tel que M. KNIGHT. *Ce sont* CES *Pélasges* , dit-il immédiatement , *qui* , *suivant* PLINE , *apportèrent les
lettres dans le* Latium. PLINE ne dit point tout-à-fait cela ; il dit,
en se servant d'une expression générale, LES *Pélasges* : *in Latium eas attulerunt Pelasgi* (1). A la vérité, TACITE (2) et d'autres
auteurs (3) attribuent cette introduction des lettres dans le *Latium* à Évandre et aux Arcadiens qu'il menoit à sa suite : mais,
comme les Pélasges étoient établis dans le *Latium* même, bien
long-temps avant cette dernière émigration (4), et qu'ils connoissoient les caractères de l'écriture au moins dès le temps de Deucalion (5), témoin cette inscription gravée sur un trépied en caractères très-anciens, et rapportée par DENYS D'HALICARNASSE (6),
il est infiniment plus probable qu'ils n'attendirent pas l'arrivée
d'Évandre pour communiquer cette connoissance aux peuples de
l'*Italie*, et D'HANCARVILLE a expliqué d'une manière très-natu-
relle la méprise des auteurs latins qui faisoient honneur de cette
invention à Évandre, en supposant que ce prince fit sur l'alphabet grossier des Pélasges la même réforme qui fut opérée dans
la Grèce sur le même alphabet par Cadmus, c'est-à-dire qu'il y
ajouta quelques nouveaux caractères , qu'il donna aux autres les
dénominations nouvelles usitées dans le pays dont il sortoit, et

(1) PLIN. *Histor. natur.* lib. VII ,
cap. 57.
(2) TACIT. *Annal.* lib. XI, c. 14.
(3) QUINCTILIAN. *Institut. orator.*
lib. I, c. 6.

(4) DIONYS. HALICARN. *Antiq. rom.*
lib. I, c. 13; PAUSAN. lib. VIII, c. 3.
(5) EUSTATH. ad HOMER. *Iliad.* II,
v. 827.
(6) *Antiquit. roman.* lib. I, c. 9.

qu'enfin il les distribua dans l'ordre établi postérieurement au dé-
part des premiers Pélasges, et dans lequel les lettres de cet alphabet
restèrent constamment depuis (1). Cette explication ingénieuse et
plausible répond aux autres difficultés élevées par M. KNIGHT,
savoir : 1.° que PLINE s'est mépris en attribuant aux Pélasges les
lettres latines, qui sont de l'invention d'ÉVANDRE ; il n'y a là ni
contradiction ni méprise, si ce n'est de la part du critique : 2.° que
l'alphabet romain renferme plusieurs caractères que ne porte
point l'*alphabet pélasgique des tables eugubiennes*. Ici, M. KNIGHT
décide, comme on voit, que ce dernier alphabet est pélasgique,
après avoir, quelques lignes plus haut, avancé modestement cette
opinion sous la forme d'une conjecture. Or j'ai montré que
cette conjecture est la moins probable de toutes celles qu'on
peut former à ce sujet ; et quand même cela seroit prouvé, il
ne seroit nullement étonnant que le premier alphabet des Pélasges
fût privé de quelques caractères dont les Latins durent la connoissance ou l'usage à ÉVANDRE.

Je ne suivrai point M. KNIGHT dans les détails où il entre
sur la nation pélasgique, sur son ancienne civilisation, sur ses
nombreux démembremens : toutes ces notions sont vulgaires, et
ne se rattachent d'ailleurs que de si loin à la question qui nous
occupe, que, pressé d'arriver à la conclusion des raisonnemens
du critique, on me pardonnera de négliger ces détails. Je ne
puis toutefois lui faire grâce de quelques remarques, ne fût-ce
que pour lui prouver l'attention avec laquelle j'ai lu le paragraphe même qu'il n'entre pas dans mon plan de réfuter en
entier. Il dit que *c'est du Péloponnèse que les Pélasges vinrent en*
Italie, *mais qu'on ne peut assurer à quelle époque*. Cette seconde
assertion n'est point exacte. Si les Pélasges dont on veut parler
ici sont ceux qui furent conduits par ÉVANDRE, ainsi qu'il est

(1) D'HANCARVILLE, *Recherches &c.* tom. II, pag. 376.

naturel de le supposer d'après la citation du vers de DENYS LE
PÉRIÉGÈTE dont on s'autorise ,

348. οἵ ποτε κυλλήνηθεν ἐφ᾽ Ἑσπερίην ἅλα βάντες,

l'époque de cette émigration est connue, et fixée vers la deuxième
génération avant la guerre de *Troie* par des témoignages nombreux d'écrivains grecs et romains (1). Si par ces Pélasges le
critique entend les diverses tribus de cette grande nation, qui,
en différens temps, vinrent de Grèce en *Italie*, d'abord sous les
ordres d'Œnotrus (2), puis par suite des conquêtes de Deucalion
dans la *Thessalie* (3), les dates de ces émigrations successives,
quoique sujettes aux mêmes difficultés chronologiques que les
autres événemens de l'histoire grecque à ces époques reculées,
sont néanmoins appuyées sur des autorités trop respectables, pour
devoir être abandonnées au pyrrhonisme historique, sans la
moindre preuve, sans le plus léger examen. M. KNIGHT ouvre
cependant, au mépris de toutes ces autorités, une opinion nouvelle; il place l'*établissement des Pélasges entre l'arrivée des Tyrrhéniens et celle d'Évandre*. Mais, dans l'intervalle de ces deux faits,
fixés, l'un vers l'an 1370 (4), l'autre vers l'an 1330 avant notre
ère (5), aucun auteur, que je sache, ne parle d'un établissement
nouveau des Pélasges en *Italie ;* et c'est même dans cet intervalle
que DENYS D'HALICARNASSE place la dispersion et la ruine des
anciens Pélasges d'*Italie ,* lesquels habitoient alors conjointement

(1) DIONYS. HAL. *Antiq. rom.* lib. I,
c. 31; PAUSAN. lib. VIII, c. 43; PLU-
TARCH. *Quæst. rom.* tom. II, pag. 272;
VARRO *apud* SERV. *ad Æneïd.* lib. VIII,
v. 51; TIT. LIV. lib. I, cap. 5; OVID.
Fastor. lib. I, v. 470 et sqq.; SENEC.
ad Helv. c. 7.

(2) DIONYS. HAL. *Antiq. rom,* lib. I,
cap. 13.

(3) *Antiq. rom.* lib. I, c. 18. J'ai essayé,
dans un autre ouvrage, de fixer les dates
de ces diverses émigrations (*Hist. critique
de l'établissem. des Colon. grecq.* tom. I,
pag. 225 et suiv., pag. 294 et suiv.).

(4) Voy. l'ouvrage cité plus haut, t. I,
p. 352.

(5) Voy. le même ouvrage, tom. I,
pag. 391.

avec les Tyrrhéniens, qu'ils avoient précédés (1). M. KNIGHT se
tourmente beaucoup, et bien inutilement, comme on voit, pour
fixer la date de l'établissement des Pélasges en *Italie* à une époque
voisine du siége de *Troie;* il révoque en doute celle qu'assigne
DENYS D'HALICARNASSE à l'arrivée des Tyrrhéniens (2), d'après
la circonstance, tout-à-fait indifférente dans le récit d'HÉRODOTE (3),
de la généalogie de Tyrrhénus. En rejetant ce personnage parmi
les héros imaginaires, M. KNIGHT voudroit bien en pouvoir faire
autant d'*Eurotas*, de *Lacedæmon*, d'*Amyclas*, et il s'y décide enfin,
nonobstant les prétendues inscriptions contemporaines qui portent leurs
noms. Mais M. KNIGHT me permettra bien de lui dire que ces
inscriptions, dont il est libre encore de récuser le témoignage,
ne sont pas les *seuls* monumens de l'existence de ces princes,
et qu'il faut arguer aussi de fausseté, à cet égard, la tradition
ancienne de deux peuples, les Messéniens et les Lacédémoniens,
tradition qui nous a été conservée par PAUSANIAS (4) et par
APOLLODORE (5). *A tout événement,* dit enfin M. KNIGHT, *l'ex-*
pédition des Pélasges ne peut avoir été antérieure à l'époque où l'on
suppose qu'ont existé ces princes. Il oublie le témoignage clair et
positif de DENYS D'HALICARNASSE, qui met l'émigration des
Pélasges Œnotriens à la dix-septième génération avant le siége
de *Troie* (6), et conséquemment bien plus haut que l'époque

(1) DIONYS. HALIC. *Antiq. roman.*
lib. I, cap. 26; SCYMN. CHIUS, in
Perieges. v. 218.

(2) M. KNIGHT se trompe en attribuant cette date à DENYS D'HALICAR-
NASSE, puisque, dans le système de cet
historien, les Tyrrhéniens étoient *indi-*
gènes en Italie (vid. *Antiq. roman.* lib. I,
cap. 28).

(3) HERODOT. lib. I, cap. 94. J'ai tâché
de montrer comment le récit d'HÉRO-
DOTE pouvoit se concilier avec celui

d'HELLANICUS (voy. *Hist. critique de*
l'établissement des Colon. grecq. tom. I,
pag. 356-364).

(4) PAUSAN. lib. III, c. 1; lib. IV,
c. I.

(5) APOLLODOR. *Biblioth.* lib. III,
c. 10; S. 3.

(6) *Antiq. roman.* lib. I, c. 13. Cette
haute antiquité, donnée à l'émigration
d'Œnotrus, n'est pas exempte de quelques
difficultés; que j'ai exposées dans un
mémoire lu à l'*Académie des Belles-*
　　　　　　　　　　d'Eurotas;

d'Eurotas ; et, quant à la raison qu'il donne de cette prétendue impossibilité, savoir, les ravages exercés par les Phéniciens et les Cariens, il oublie encore que ces ravages, qui, du reste, ne sont attestés par aucun auteur, pas même par celui qu'il cite (1), ne purent commencer qu'à une époque bien plus récente que celle à laquelle on doit rapporter les établissemens pélasgiques de l'*Italie;* et que, d'ailleurs, ils ne durent jamais être assez étendus ni assez considérables pour fermer entièrement le passage aux émigrations des Grecs vers cette contrée, qu'ils connurent de si bonne heure, qu'ils fréquentèrent de tout temps, et qu'ils apercevoient de leurs rivages.

Tels sont les faits historiques établis par M. KNIGHT pour prouver la fausseté de l'inscription d'Eurotas, dans l'hypothèse de l'existence d'un alphabet pélasgique antérieur à Cadmus ; et voici maintenant la conséquence qu'il tire de tous ces faits. Ici, je dois le laisser parler lui-même, de crainte qu'on ne me soupçonne de lui prêter des erreurs, pour en triompher plus à mon aise :

I. « Si les Pélasges n'ont pu venir du *Péloponnèse* en *Étrurie* » avant le temps supposé d'Eurotas, il s'ensuit nécessairement que » l'alphabet qu'ils apportèrent avec eux, ne put être plus ancien » et plus imparfait que celui qui *y* étoit alors usité.

II. » Mais comment accorder cela avec l'inscription votive » attribuée à ce prince, où nous trouvons le *gamma* г dans » la forme ionienne, qui est celle du π pélasgique, et l'*omi-* » *cron* ▽, *détourné* dans la forme triangulaire du *delta,* tandis

---

Lettres. Mais, en admettant même que l'historien grec se soit trompé sur ce point, ce qu'il m'appartient d'autant moins de décider, que la tradition suivie par DE-NYS D'HALICARNASSE à trouvé, dans le sein de la même Académie, un docte auxiliaire, M. PETIT-RADEL, un critique tel que M. KNIGHT ne devoit pas se dispenser de citer un pareil témoignage, et le silence, dans ce cas, ne peut valoir un argument.

(1) DIONYS. PERIEGET. v. 348.

L

» que ni l'une ni l'autre de ces lettres n'existe dans l'alphabet
» des inscriptions eugubiennes?

III. » Les autres caractères, qui sont ioniens, quoiqu'altérés
» dans leurs formes, sont écrits de gauche à droite, tandis que
» les Phéniciens et les Pélasges écrivoient de droite à gauche.

IV. » Ainsi donc ces inscriptions paroissent fausses, quelle
» que soit l'hypothèse que l'on adopte touchant l'antériorité de
» l'alphabet de Cadmus ou de celui des Pélasges. »

Je répondrai par ordre à chacune des quatre propositions contenues dans ce paragraphe, après avoir observé, toutefois, que,
la principale difficulté chronologique roulant sur l'époque d'Eurotas, lequel n'est nullement nommé dans l'inscription, cette
seule inexactitude réfute d'avance les assertions du critique.

I. J'ai montré par les témoignages des anciens, lesquels ont bien
quelque poids dans la question qui nous occupe, que les Pélasges
purent venir, qu'ils vinrent même indubitablement dans l'*Étrurie*,
avant l'époque d'Eurotas, laquelle époque n'est point *supposée*,
comme on le dit, mais *fixée* par des synchronismes et d'après
des généalogies dignes de foi. Par conséquent, l'induction qu'on
tire de cette prétendue impossibilité, devient fausse, comme
l'assertion sur laquelle elle est fondée ; et nous sommes auto-
risés à conclure, au contraire, que l'alphabet pélasgique apporté
en *Italie put être plus ancien et plus imparfait* que celui des Grecs
au temps d'Eurotas.

II. En accordant même au critique que sa précédente proposition soit vraie, il n'en résulte point encore qu'il y ait de la
difficulté à trouver le *gamma* et l'*omicron* triangulaire dans l'inscription d'Eurotas. En effet, son seul argument pour prouver
que ces deux lettres ne doivent pas s'y rencontrer, c'est qu'ils
manquent dans l'alphabet des tables eugubiennes. Or il emploie
ici comme preuve ce qui est précisément en question, et même

ce qui est très-problématique ; savoir, que l'alphabet eugubien
soit le véritable alphabet pélasgique. J'ai montré plus haut
combien l'opinion des plus habiles critiques, et notamment celle
du docte abbé LANZI, répugnoit à cette identité, que M. KNIGHT
lui-même ne donne d'abord que comme *probable ;* et cependant
il faudroit qu'elle fût démontrée pour autoriser la conséquence
rigoureuse qu'il en tire. D'ailleurs, il n'est pas entièrement exact
de dire que le *gamma* manque à l'alphabet étrusque. On y trouve
fréquemment employé, à la place de ce caractère, un signe qui a
la même valeur, et, bien plus, la même forme que le ɕ des
anciens Latins, savoir, c ; et cette même figure se retrouve sur
quelques anciennes monnoies grecques. GORI et LANZI en ont
fait la remarque (1), et citent, à l'appui de cette observation,
les médailles de *Gela*, dont la légende est ainsi écrite : ɕɛʌʌʃ.
J'ajoute que plusieurs médailles de *Rhegium*, avec la légende
ɴοιϽɿя, existent au cabinet du Roi et dans celui de M. GOS-
SELLIN (2), et quelques-unes de ces médailles offrent tous les
caractères de la plus ancienne fabrique. Le *gamma* paroît encore
avec cette forme, ɕ, sur les médailles d'*Agrigente* (3), qui appartiennent également aux premiers temps du monnoyage, et par
le caractère de la fabrique et par la disposition des lettres,
ʒοτɴʌϽʌяʀʌ ; enfin la même forme du *gamma* se remarque dans
le nom ʌгʌмɛмɴοɴ, gravé sur un beau vase de terre cuite,
lequel a été trouvé près de *Corinthe* par M. DODWELL, et publié
par M. D'AGINCOURT (4). Il n'est donc pas vrai que les Étrusques

(1) Vid. LANZI, *Saggio di ling. etrusc.*
tom. I, pag. 210.

(2) J'ai fait graver une de ces médailles.
Voy. pl. I, n.° 3.

(3) Le cabinet du Roi et celui de
M. GOSSELLIN possèdent plusieurs de
ces médailles.

(4) L'inscription de ce vase, regardé
comme le plus ancien qu'on connoisse,
et qui, sous ce rapport, intéresse si fortement la paléographie grecque, avoit été
donnée d'une manière incorrecte, et nous
en publions une copie plus exacte, qui
nous a été communiquée par M. DOD-
WELL lui-même (voy. pl. III, n.° 1).

aient ignoré la valeur du *gamma*, puisqu'ils l'exprimoient par un signe absolument semblable à celui qu'employoient, pour rendre le même son, les anciens Latins et des Grecs de la *Sicile* et de l'*Italie*. Quant à ce que la forme de cette lettre, dans l'inscription d'Eurotas, est celle du π pélasgique, il est presque inutile de répondre que l'on ne connoît pas encore cet alphabet pélasgique, que M. KNIGHT cite toujours et avec tant de confiance, et que, d'ailleurs, les formes des caractères varioient tellement de peuple à peuple et de siècle en siècle, que souvent les mêmes signes ont servi à représenter des lettres très-différentes (1). Les exemples en sont trop nombreux, et trop connus des personnes familières avec la paléographie grecque, pour qu'il soit nécessaire d'en citer ici aucun; et M. KNIGHT me dispensera de le remettre aux premiers élémens d'une science qu'il cultive avec tant de succès.

L'objection relative à l'*omicron* n'est pas mieux fondée que la précédente. Si les Étrusques n'employoient pas cette lettre sous la forme qu'on lui connoît dans l'alphabet grec, ils en exprimoient le son par celui de l'v; et, à cet égard, ils n'ont fait encore que copier ou imiter les Grecs. L'emploi fréquent de l'*upsilon* pour l'*omicron*, dans le dialecte dorien, a été remarqué par MAITTAIRE (2) et par LANZI (3), qui en citent des exemples; et il suffira de rapporter celui qu'offre une des inscriptions amycléennes copiées par vous-même, MYLORD (4), dans le mot ΛΛΤΑΓΗΤΛ. Dans le dialecte éolien, source de la langue latine, la permutation de ces deux voyelles n'est pas moins autorisée. Le décret de la ville de *Cumes*, publié par M. DE CAYLUS (5), en offre plusieurs exemples. On trouve ΑΠΥΓΟΝΟΝ

---

(1) L'abbé LANZI en rapporte plusieurs exemples, auxquels je me borne à renvoyer le lecteur (*Saggio*, tom. I, p. 79).

(2) *De dialectis*, p. 212, ed. Sturz.

(3) *Saggio di lingua etrusc.* t. I, p. 92.

(4) *Apud* WALPOLE, *Memoirs*, p. 446.

(5) *Antiq. grecq.* t. II, p. 178 et suiv.

pour ΑΠΟΓΟΝΟΝ, sur une inscription lesbienne rapportée dans
le P. PACCIAUDI (1), et ΑΠΥ ΒΑΣΙΛΕΩΝ; dans une autre inscription
de *Lesbos,* copiée par POCOCKE (2). Deux raisons me semblent
prouver que l'v des Étrusques devoit avoir la même valeur que
l'*omicron* des anciens Grecs. La première, c'est que l'un et l'autre
de ces caractères exprimoient, le plus généralement, dans le
dialecte respectif auquel ils appartenoient, le son de la diphthongue ΟΥ : ainsi les Romains, dont l'alphabet admit d'abord
l'v étrusque, l'employoient presque toujours à cet usage, comme
on le voit sur leurs plus anciens monumens ; et la même pratique est prouvée, à l'égard des Grecs, par cette foule d'inscriptions antiques où l'o est mis, soit à la fin, soit dans le corps
des mots, pour exprimer la diphthongue ΟΥ. Ma seconde raison
est tirée de la forme même de ces deux caractères, qui dut porter
à les confondre ou à les employer indistinctement l'un pour
l'autre, lorsque l'*omicron* représenté sous une forme triangulaire,
v, se rapprochoit à l'œil, comme à la prononciation, de la
figure et du son de l'v (3). A la vérité, M. KNIGHT semble nier
que cette forme triangulaire ait jamais appartenu à l'*omicron.*
Mais, sans lui opposer les autorités de MAZZOCCHI, de VILLOI-
SON (4), de LANZI (5), qui sont d'une opinion contraire, des
monumens authentiques confirment pleinement, sur ce point,
les inscriptions de FOURMONT où l'*omicron* paroît sous une forme
triangulaire (6). J'ajouterai toutefois que l'usage des lettres an-
gulaires, avant celui des lettres arrondies, ne doit pas être rangé

(1) *Monument.peloponn.* tom.I, p. 87.
(2) *Inscript. antiq.* pag. 45.
(3) J'ai reconnu, depuis que ceci est écrit, que l'abbé BARTHÉLEMY avoit eu la même idée ; et c'est pour moi un motif de plus de conserver mon obser-vation, au lieu de la supprimer (voy.

Acad. des Inscript. et Belles - Lettres, tom. XXIII, pag. 421).
(4) MAZZOCCHI *apud* VILLOISON. *Anecd. græc.* tom. II, pag. 171.
(5) LANZI, *Saggio,* tom. I, pag. 107, note.
(6) Voy. les inscriptions gravées sur

au nombre de ces pratiques qui n'ont jamais reçu d'exceptions. MAFFEI l'avoit observé, d'après le mélange qu'offrent de ces deux manières d'écrire quelques anciens monumens (1); et cette observation est confirmée par une médaille antique et rare de *Posidonia*, qui offre à-la-fois la légende ΓOM, et au revers, écrite à rebours, la légende MOꟼ, où l'*omicron* paroît sous la forme carrée, qui, sans doute, a servi d'intermédiaire entre la forme triangulaire et la forme arrondie, et a continué quelque temps d'être employée conjointement avec la dernière (2).

III. La troisième proposition de M. KNIGHT se compose d'assertions également hasardées. Il trouve que les autres caractères de l'inscription d'Eurotas sont ioniens, mais *altérés;* et cependant ces formes *altérées* se retrouvent dans des médailles et des inscriptions d'une antiquité respectable et d'un dialecte autre que l'ionien, lesquelles n'ont été connues et publiées, pour la plupart, que long-temps après la mort de FOURMONT, que l'on suppose si gratuitement capable de les avoir *forgées* à sa fantaisie (3). Quant à ce qu'assure si positivement M. KNIGHT, que les Pélasges, comme les Phéniciens, écrivoient de droite à gauche, tandis que les caractères de l'inscription d'Eurotas sont tracés de gauche à droite, c'est encore une question très-délicate qu'il résout à sa manière, c'est-à-dire, qu'il tranche sans discussion, sans preuve,

---

un vase grec de la plus haute antiquité, lequel a été publié et expliqué par feu M. VISCONTI, dans les *Mém. de la classe d'histoire et de littérature ancienne de l'Institut,* tom. III, pag. 38-43, Paris, 1818.

(1) MAFFEI, *Antiq. Gall.* epist. 10.

(2) Cette médaille est dans le cabinet de M. GOSSELLIN; je l'ai fait graver. Voy. pl. I, n.° 8.

(3) Que l'on compare avec les alpha-bets extraits de FOURMONT (voy. pl. II) ceux qu'ont publiés TORREMUZZA, LANZI, ECKHEL, et, plus récemment, M. MIONNET, et l'on verra que la plupart des formes de lettres employées dans les inscriptions d'*Amyclés* étoient connues de divers peuples de la Grèce, à des époques anciennes. C'est une vérité de fait, qui réfute mieux que tout ce que nous pourrions dire, les imprudentes assertions de M. KNIGHT.

et dans un sens contraire à l'opinion des plus habiles critiques (1).
D'ailleurs, quand il seroit vrai, ce qui est au moins douteux, que
les Pélasges écrivissent, comme les Phéniciens, de droite à
gauche, la méthode contraire, suivie dans l'inscription d'Eurotas, seroit une preuve d'authenticité; car FOURMONT, auquel
M. KNIGHT lui-même prête des combinaisons qui supposent la
connoissance des langues de l'Orient, ne pouvoit ignorer la manière d'écrire des Phéniciens; il n'ignoroit pas non plus que les
Grecs l'associèrent à leur propre manière, d'où résulta l'écriture
en *boustrophédon* (2), qui est le second âge de l'écriture grecque,
et dont FOURMONT a recueilli un si grand nombre de monumens;
et de ce que, dans une inscription qu'on prétend forgée par lui,
il n'a pas suivi une méthode qu'il connoissoit si bien, et qu'il
devoit regarder comme la plus convenable à l'âge présumé de ce
monument, il s'ensuit nécessairement qu'il a copié les caractères
de l'inscription dans l'ordre même où il les voyoit tracés.

IV. Je crois avoir réfuté les trois premières propositions de
M. KNIGHT, et c'est à cela que doit se borner ma tâche; car si les
faits qu'il établit sont tous ensemble et chacun en particulier
contraires à la vérité, l'induction qu'il en tire, et qui fait la matière de sa quatrième proposition, est nécessairement fausse, et
je laisse à mes lecteurs le soin d'en déduire eux-mêmes une qui
soit plus exacte.

J'ai rassemblé sous vos yeux, MYLORD, les difficultés propo-
sées par M. KNIGHT contre la réalité des plus anciens monumens
de FOURMONT, et les réponses qu'on y peut faire: vous pouvez
maintenant apprécier la solidité des unes et des autres. J'aurois
pu entasser un plus grand nombre de citations et d'argumens;
mais cet appareil d'érudition eût plutôt surchargé ma réponse

(1) D'HANCARVILLE, *Recherches*, | (2) *Idem, ibid.*
tom. II, pag. 339.

qu'éclairé la question : j'ai mieux aimé imiter la sobriété de mon adversaire, et me borner à ce qui étoit rigoureusement nécessaire. Malheureusement, et c'est le sort de toutes les réfutations, je ne pouvois être aussi court ni aussi précis que M. KNIGHT ; et ceux de ses lecteurs qui ont peut-être admiré combien, dans le champ de l'antiquité qu'il parcourt d'un pas si rapide, sa marche est leste et expéditive, trouveront la mienne, en comparaison, bien lente. Il étoit cependant indispensable, pour réfuter des assertions fausses, exprimées souvent en un seul mot, d'y employer plus de paroles ; et M. KNIGHT eût prétendu avec raison n'être pas réfuté, si, à son exemple, je me fusse contenté d'ajouter à chaque passage de sa dissertation, *Ceci n'est pas exact ;* ou bien, *Ceci est tout-à-fait erroné.* Un pareil commentaire lui eût sans doute paru trop laconique ; il eût demandé des preuves, quoique souvent il se fût dispensé lui-même d'en donner ; et je le crois trop équitable pour me blâmer de ne l'avoir pas imité en ce point.

Désormais, MYLORD, la carrière qu'il me reste à parcourir est embarrassée de moins d'obstacles, et j'y marcherai d'un pas plus ferme et plus rapide. En repoussant des assertions ou fausses ou hasardées, je ne me crois plus obligé à tout dire ; et d'ailleurs les monumens de FOURMONT, rétablis dans une partie des droits qu'ils avoient perdus, doivent commencer à témoigner pour eux-mêmes. Mais, avant d'entamer une discussion nouvelle, qui achevera d'éclairer votre opinion, je dois, MYLORD, laisser reposer quelques instans votre attention : j'ai trop d'intérêt à la ménager, puisque c'est d'elle seule que je puis attendre un jugement favorable.

DEUXIÈME LETTRE.

DEUXIÈME LETTRE

L'AUTHENTICITÉ DES INSCRIPTIONS

DE FOURMONT.

MYLORD,

LE premier monument qui s'offre aux observations de M. KNIGHT et aux nôtres, est le bouclier sur lequel est inscrite la généalogie de Téléclus. Le critique décide que *cette généalogie est exactement prise de MEURSIUS;* mais si les auteurs qui ont servi de guides à MEURSIUS, se sont conformés à la vraie tradition, l'inscription pouvoit-elle y être contraire? Et ici, je vous prie, MYLORD, de remarquer le double argument familier aux détracteurs de FOURMONT : ou son inscription s'éloigne de la tradition reçue, et alors elle est forgée par l'ignorance; ou bien elle s'accorde avec cette tradition, et alors elle est forgée d'après elle. Avec une pareille manière d'argumenter, y a-t-il un seul monument au monde dont on ne pût contester l'authenticité? Le génitif ΛΑΒΟΤΑΣ, que porte la généalogie de Téléclus, paroît inexplicable à M. KNIGHT, à moins que ce ne soit une faute de typographie que FOURMONT auroit copiée, et c'est bien plutôt cela qui seroit inexplicable. Mais, comme, de l'aveu même de son adversaire, FOURMONT connoissoit le génitif éolien ΛΑΒΟΤΑΟ,

M

n'est-il pas évident qu'il ne faut voir ici, dans la leçon vicieuse ΛΑΒΟΤΑΣ, que la fidélité scrupuleuse de FOURMONT à copier les monumens avec les fautes mêmes qu'il y voyoit, et qu'il eût été trop prudent pour y laisser, s'il les eût forgés lui-même ?

Le mot ΒΑΓΟΣ, continue M. KNIGHT, est pris de MEURSIUS, ou de CRAGIUS, qui l'avoient emprunté eux-mêmes d'un passage corrompu ou interpolé d'HESYCHIUS. En vérité, MYLORD, j'ai besoin de songer que c'est à vous que j'écris, pour me défendre d'un mouvement d'humeur et de dépit, quand je vois M. KNIGHT recourir perpétuellement à cette supposition banale, et énoncer ses opinions avec ce ton d'assurance et d'intrépidité. Quelle est donc la raison qui lui fait prononcer si hardiment que *la glose d'*HESYCHIUS, Βάγης...καὶ βασιλεὺς καὶ ςρατιώ]ης, Λάκωνες, *est certainement erronée ou probablement interpolée !* C'est que, selon la théorie établie par M. KNIGHT lui-même dans son livre, le mot ἄγω, *conduire, paroît* avoir été constamment écrit par une voyelle, sans l'addition du *digamma ;* et, parce que cela lui *paroît* ainsi, *il faut rejeter cette glose parmi les additions faites au texte d'*HESY-CHIUS *par des mains récentes et dépourvues de toute autorité.* Ainsi c'est d'après ses propres principes, et sans aucune autre garantie que la sienne, que le critique condamne un texte où jusqu'ici tous les commentateurs d'HESYCHIUS n'ont point soupçonné d'altération, et qui renferme une notion telle assurément, qu'elle n'a pu être imaginée par un de ces copistes ignorans du moyen âge, qui défiguroient les écrits des anciens par leurs gloses impertinentes. Il faut néanmoins prouver à M. KNIGHT qu'il se trompe, et cela n'est pas difficile. L'emploi du *digamma* éolique avoit lieu primitivement devant toutes les voyelles, qu'elles fussent aspirées ou non : c'est ce que déclare en termes clairs et positifs DENYS D'HALICARNASSE (1), et ce que confirme PRISCIEN,

(1) *Antiquit. roman.* lib. I, c. 11.

lequel ajoute que le *digamma*, soit qu'on le plaçât devant les mots, soit qu'il fût interposé entre les voyelles d'un même mot, avoit pour objet d'éviter l'hiatus (1). Des monumens irréprochables, te's que ces *inscriptions d'Orchomène* qui faisoient partie de la collection des marbres de lord ELGIN, et qu'a publiées M. TH. WALPOLE (2), une autre inscription béotienne recueillie par POCOCKE (3), et une *inscription de Tanagre*, qui m'a été communiquée par M. POUQUEVILLE (4), attestent que l'emploi du *digamma* avoit lieu dans des temps bien plus récens que ceux auxquels on suppose que cet usage avoit cessé, et devant des voyelles qui n'étoient point aspirées. Or SUIDAS (5) et le GRAND ÉTYMOLOGISTE (6), attribuant aux Syracusains et aux LACÉDÉMONIENS en particulier l'usage du *bêta* en guise de *digamma*, témoignent également de l'usage fréquent qui se faisoit de cette figure dans le dialecte de ces deux peuples. Le docte HEMSTERHUIS a produit de nouveaux témoignages concernant cette particularité qu'il explique ingénieusement par des raisons d'analogie (7) ; enfin HESYCHIUS en fournit une foule d'exemples, tous tirés du dialecte de *Sparte*, et aux principaux desquels je me contenterai de renvoyer le lecteur (8). Il ne

(1) PRISCIAN. p. 547, edit. Putsch.: *Hiatûs quoque causâ, solebant illi interponere F digamma, quod ostendunt epigrammata quæ egomet legi in tripode vetustissimo Apollinis,......sic scripta :* ΔΗΜΟΦΑϜΩΝ, ΛΑϜΟΚΑϜΩΝ.

(2) *Memoirs relating* &c. p. 470.

(3) *Inscript. antiq.* p. 50, n. 13.

(4) J'ai fait, sur cette inscription, un mémoire lu récemment à l'*Académie des Inscriptions et Belles-Lettres.*

(5) SUIDAS, v. Δερβίσήρ.

(6) *Magn. Etymol.* v. Ἕβασυν : Ἕβασον, ἀντὶ τῶ ἕασον. . οὕτως Συρακούσιοι ἢ Λάκωνες· γέγονε δὲ πλεονασμῷ τῶ β · τὸ γὰρ ἕασον, ἕβασον

φασί, καὶ τὸ ἕαται, ἕβαται, ἢ τὸ ἕα, ἕβα.

(7) HEMSTERH. *ad Hesych.* v. Θαβασόν.

(8) HESYCH. v. Βέκατι, εἴκοσι, Λάκωνες.
v. Βάξον, καταξιον, Λάκωνες : sur quoi KUSTER fait la remarque suivante : Βάξον, *dictum pro* ἄξον, *vel* ἄξιον, *redundante* B, *ut inferiùs* Βασκαείζειν, *pro* ἀσκαείζειν.
v. Βίχυν, ἴχυν, Λάκωνες : et le même KUSTER fait encore, au sujet de ce dernier mot, l'observation que je vais transcrire : *In his vocibus, τὸ β fungitur vice digammatis æolici.*
v. Βάννας, βασιλεὺς παρὰ Ἰταλιώταις. Ce dernier exemple me paroît d'autant plus remarquable, que l'addition du β

M 2

sauroit donc rester de doute sur la forme légitime et régulière du mot βάϑος employé dans l'inscription de Téléclus, comme dans le texte d'HESYCHIUS, pour désigner un *chef*, un *roi de Sparte*; et s'il y avoit encore quelque difficulté dans le passage de ce lexicographe, c'en seroit une à laquelle ne semble point avoir songé M. KNIGHT, savoir, la double interprétation qu'HESYCHIUS donne du mot βάϑος, de βασιλεύς et de ϛραλιώτης. Il paroît, en effet, peu vraisemblable, ou du moins peu naturel, que le même terme dérivé de ἄγω, *conduire*, puisse s'appliquer à-la-fois à un *roi*, fait pour conduire, et à un *soldat*, fait pour être conduit. D'après ce motif, je pense que le mot ϛραλιώτης renferme quelque altération; mais le doute que j'exprime ici ne nuit en rien à la confiance que mérite la leçon βάϑος, employée pour signifier un *roi spartiate* sur l'inscription de FOURMONT.

« Les inscriptions qui suivent, dans l'ordre de leurs prétendues » dates, dit M. KNIGHT, sont deux tables (1) qui contiennent » des listes de rois, de sénateurs et de magistrats de Sparte, » *durant* la célèbre guerre de Messénie, qui occupa les forces de » cette république *durant* une partie considérable du VIII.ᵉ siècle » avant notre ère. M. FOURMONT et ses commentateurs pensent » que ces inscriptions furent gravées pour rappeler les événe-» mens de cette guerre; et je ne vois pas, en effet, pour quel » autre motif elles auroient pu l'être. » Voilà donc une fois M. KNIGHT qui se range à l'avis de FOURMONT; mais si cette

porte sur un mot qui, dans le dialecte des Grecs de l'*Italie*, Doriens pour la plupart, comme ceux de *Lacédémone*, correspondoit au mot βάϑος, du dialecte de ces derniers; et les commentateurs d'HESYCHIUS dérivent ce mot βάνας, du mot ἄναξ, par les transformations successives, Fάναξ, βάναξ, βάνας.

(1) FOURMONT en a publié *trois*; la troisième, dont ne parle point le critique, quoiqu'elle soit du même âge et du même genre, et qu'elle ait dû conséquemment lui paroître également suspecte, auroit-elle trouvé grâce à ses yeux, ou bien l'auroit-il involontairement oubliée! L'indulgence, ou la distraction, méritoit bien d'être remarquée.

concession est faite de bonne foi, il faut convenir qu'elle ne sauroit l'être plus mal-à-propos. Est-ce d'après l'idée qu'ont eue de ces monumens les commentateurs de FOURMONT et FOURMONT lui-même, qu'il est permis de les juger, lorsque les méprises de toute espèce qui abondent dans les mémoires de ce voyageur, prouvent qu'il étoit si peu capable de les entendre? Pourquoi voir autre chose dans ces inscriptions que ce qui s'y trouve, c'est-à-dire, des *titres* de magistrats spartiates, à une certaine époque de la république? Sur quel fondement supposer qu'elles ont rapport aux événemens de la guerre de *Messénie*, lorsque rien, absolument rien, ne l'indique? et par quel étrange raisonnement faire ensuite de ce silence un argument contre la réalité de ces monumens? Quoi! FOURMONT auroit voulu, de votre propre aveu, forger des inscriptions pour rappeler les événemens d'une guerre, et il auroit eu l'inconcevable maladresse de ne rien mettre dans ces inscriptions qui répondît à son idée! Quoi! FOURMONT auroit voulu forger des inscriptions militaires, et il auroit eu l'imprudence, plus incompréhensible encore, d'y mêler ensemble des titres de magistrats civils et d'officiers de guerre! Bien plus, il y auroit donné une liste complète des *Gérontes* et des *Éphores;* il y auroit inscrit les *Juges* [Βειδιᾷοι], les *Conservateurs des lois* [Νομοφύλακες], les *Devins royaux* [Πύθοι], les *Censeurs domestiques de la conduite des femmes* ['Αρμόσυνοι], les *Édiles ou officiers de police* ['Εμπέλωρι], le *Chef de la jeunesse* [Βουάγορ], le *Greffier du sénat* [Γραμματεύς], tous personnages dont les fonctions, purement civiles, exigeoient la résidence à la ville, et étoient incompatibles avec le séjour des camps; et il n'auroit nommé qu'un petit nombre d'officiers militaires, c'est-à-dire, de ceux dont les titres devoient, à l'exclusion de tout autre, paroître sur des monumens destinés à perpétuer le souvenir de leurs exploits! Et d'après toutes ces absurdités, qui ne se trouvent que dans la supposition de FOURMONT, on condamne le monument lui-même ; ou le rend responsable de l'erreur de ses interprètes ; ou plutôt, on ne feint de partager cette erreur, trop grossière pour n'être pas évidente, qu'afin d'avoir le droit de condamner le monument.

Écartons l'opinion de FOURMONT, qui véritablement n'est d'aucun poids dans la question qui nous occupe : que verrons-nous dans ces trois inscriptions ? des listes de magistrats spartiates, telles que nous en offrent une foule d'inscriptions grecques de tout pays et de tout âge ; et qu'y devons-nous chercher, sinon la connoissance de l'état politique de *Sparte* aux époques indiquées par les règnes des princes qui y sont nommés, lesquelles époques peuvent très-bien concourir avec celle de la guerre de *Messénie*, sans que les inscriptions elles-mêmes aient le moindre rapport avec les événemens de cette guerre ? Selon cette explication, qui n'est point arbitraire ni hypothétique, mais qui résulte naturellement de l'inspection même des monumens, y trouvera-t-on encore les contradictions relevées par M. KNIGHT ? et les inconséquences, s'il y en a, ne seront-elles pas toutes dans l'interprétation qu'il adopte ? Mais comment qualifier le raisonnement suivant du critique ? *La concision que l'on connoît aux Spartiates consistoit à exprimer un grand sens en peu de paroles, et non à employer beaucoup de mots pour ne rien dire ; ce qui est le cas de ces inscriptions.* Quoi ! donc, ces inscriptions ne disent-elles pas tout ce qu'elles veulent dire, puisqu'elles nous font connoître les principaux magistrats d'une certaine époque, *ce qui est le cas du plus grand nombre des inscriptions antiques* ? Y a-t-il *beaucoup de mots*, là où il n'y a pas *un seul mot*, mais des *titres* de magistrats, et une suite de *noms propres* attachés à chacun de ces titres ? Est-il permis, j'ose vous le demander, MYLORD, de donner ainsi le change à ses lecteurs, et peut-on se jouer à ce point de la vérité ? *Il n'est pas probable*, conclut M. KNIGHT , *que l'orgueil-leuse modestie des Lacédémoniens eût souffert que des noms de magis-trats fussent inscrits sur des monumens publics , puisqu'ils ne permet-toient pas de mentionner ainsi* UN SEUL INDIVIDU , *pas même Léonidas, dans l'inscription qui rappeloit le noble dévouement des Thermopyles.* Ainsi donc ce n'est pas seulement les trois inscriptions de FOUR-MONT dont on nie la réalité ; on rejette toute inscription lacé-démonienne où *un seul nom propre* se trouve consacré par la re-connoissance publique ; on refuse aux Spartiates la faculté, dont usèrent si fréquemment tous les peuples de la Grèce, de conser-ver à la mémoire les noms des magistrats et des citoyens qui avoient rempli les charges de l'état et servi utilement la répu-blique ; et l'on ne craint pas d'avancer une pareille opinion, sur la foi de la seule inscription des *Thermopyles ,* monument unique , comme le trait d'héroïsme qu'il consacroit , contre le témoignage de cette foule d'inscriptions dont l'authenticité n'est pas douteuse, et qui prouvent qu'à *Sparte*, comme dans le reste de la Grèce , les inscriptions gravées aux frais de l'état ou des par-ticuliers avoient pour objet d'honorer la vertu des vivans et la mémoire des morts ! *Les Lacédémoniens ne souffroient pas qu'on men-tionnât un seul nom propre sur les monumens publics !* Ainsi donc , MYLORD , les deux inscriptions que vous avez rapportées de la *Laconie* , et qui consacrent le souvenir de deux femmes attachées au culte divin , sont fausses et fabriquées ! Ainsi donc toutes celles qui se lisent dans les recueils de REINESIUS (1) , de MURA-TORI (2) , de CYRIAQUE (3) , doivent être également regardées comme

---

(1) REINES. class. VI, n. 120, 121, p. 457-458.

(2) MURATORI, *Thesaur.* tom. II, p. DXLVI, p. DLIII, DLX, DLXVII, et alibi.

(3) CYRIAC. *Nova Fragment.* p. XXXVIII et sqq. n. 246-262. Toutes ces inscrip-tions , en l'honneur de citoyens et de magistrats , portent en tête ces mots H ΠΟΛΙΣ, qui marquent que c'est la

des fruits de l'imposture ! Ainsi, quand PLUTARQUE déclare (1) que Lycurgue avoit défendu d'inscrire les noms des morts sur les tombeaux, *à l'exception de ceux des citoyens moissonnés à la guerre et des femmes consacrées au service des autels*, PLUTARQUE s'est rendu l'organe d'une insigne fausseté et d'un impudent mensonge ! Et quand enfin PAUSANIAS atteste (2) que près du tombeau de Léonidas, à *Sparte*, s'élevoit un cippe où étoient inscrits, avec les noms de leurs pères, ceux des guerriers tués aux *Thermopyles,* ce témoignage, si manifestement contraire à l'assertion de M. KNIGHT, ne doit plus mériter aucune considération !

M. KNIGHT reproche à FOURMONT d'*avoir exactement reproduit toutes les méprises de MEURSIUS,* et il est curieux de remarquer toutes celles qu'il commet lui-même, en voulant relever des fautes qui n'existent réellement que dans son imagination. Sa première critique porte sur le mot ΑΡΜΟΣΤΕΡΕΣ, *emprunté*, dit-il, *d'un passage corrompu d'HESYCHIUS.* Mais, en admettant que MEURSIUS et FOURMONT lui-même aient fait une fausse application de ce passage, qu'en résulte-t-il contre la réalité de la leçon suivie dans le monument original ? Le mot ΑΡΜΟΣΤΗΣ étoit écrit par les Spartiates ΑΡΜΟΣΤΗΡ, d'où le nominatif pluriel ΑΡΜΟΣΤΗΡΕΣ, suivant les principes d'une analogie confirmée par un grand nombre de cas semblables. M. KNIGHT eût-il mieux aimé lire sur l'inscription, ΑΡΜΟΣΤΑΙ, qui est la leçon des écrivains attiques, mais qui, par cela même, doit être jugée étrangère au dialecte de *Lacédémone !* et n'est-il pas un peu singulier que le critique

---

ville, *l'état,* qui honore ces personnages. J'ajoute que ces inscriptions sont absolument conformes aux copies qui existent des mêmes monumens parmi les manuscrits de FOURMONT.

(1) PLUTARCH. in Lycurg. §. 27 : πλὴν ἀνδρὸς ἐν πολέμῳ καὶ γυναικὸς ἱερᾶς

ἀποθανόντων. D'HANCARVILLE a commis une singulière méprise dans l'interprétation de ce passage (*Recherch.* tom. II, p. 251).

(2) PAUSAN. lib. III, c. 14 : Ἔστ δὲ ἡ στήλη παραγὸν τὰ ὀνόματα ἔχουσα, οἱ πρὸς Μήδους τὸν ἐν Θερμοπύλαις ἀγῶνα ὑπέμειναν.

trouve

trouve une preuve de supposition dans ce qui en devroit être
à ses yeux une d'authenticité? *Les gouverneurs que* Sparte *envoyoit
dans les provinces*, poursuit M. KNIGHT, *sont constamment appelés*
ʿΑρμοϛαὶ : *mais il ne paroît pas qu'il y ait eu jamais des magistrats
domestiques de cette sorte.* IL NE PAROÎT PAS à M. KNIGHT ! Est-ce
donc là une raison? Et puis quel motif a-t-il de croire que les
personnages nommés dans l'inscription avec le titre de ʿΑρμοϛῆρες
aient été, comme il le dit, des *magistrats domestiques!* Les ʿΑρμοϛῆρες,
ou *gouverneurs de province*, y sont nommés comme faisant partie
de l'état politique et militaire de *Sparte* à cette époque, au même
titre que tous les autres officiers publics qui y sont compris, soit
qu'ils résidassent à *Sparte*, soit qu'ils habitassent dans les camps ou
dans les villes alliées et sujettes. *Ils ont pu cependant* (les *Harmostes*) *être élus accidentellement pour surveiller les mœurs des citoyens.*
C'est une erreur : les *Harmostes* ne furent point institués pour cet
usage ; ils étoient les gouverneurs des pays conquis (1) ; et leur
titre et leurs fonctions cessoient, lorsqu'ils étoient rappelés à
Sparte. En ce cas, ils étoient probablement appelés ʿΑρμόσυνοι, *titre qui
a la même signification.* C'est encore une erreur. Quoique les deux
noms ʿΑρμοϛαὶ et ʿΑρμόσυνοι soient dérivés de la même racine, les
magistrats auxquels on appliquoit l'un et l'autre, formoient deux
classes entièrement distinctes, et dont les attributions n'avoient
entre elles aucune analogie. Les premiers, dont le pouvoir s'exer-
çoit, *hors de Sparte*, sur les sujets ou les alliés de la république, et
les seconds, dont l'autorité, bornée *dans l'enceinte même de Sparte*,
ne s'étendoit que sur les mœurs et la conduite domestique des
femmes, ont été très-nettement distingués par HESYCHIUS (2) ;

(1) Vid. CRAGIUM, *De republ. Laced.* lib. II, c. 13 ; MEURS. *Miscell. Lacon.* lib. II, c. 4, p. 114, *et mult. alios.*

(2) v. ʿΑρμοϛής. Ὁ πεμπόμενος ὅπημε-λητὴς εἰς ὑπήκοον πόλιν.
v. ʿΑρμόσυνοι. Ἀρχή τις ἐν Λακεδαίμονι ὅπὶ τῆς θἰκοσμίας τῶ γυναικῶν.

N

et faire un crime aux monumens, de ce qu'ils y sont pareillement distingués , c'est un raisonnement aussi bizarre que tous
ceux que j'ai examinés jusqu'ici. *Toutefois, FOURMONT, qui ne cherchoit pas plus loin que CRAGIUS* (le critique devoit ajouter au
moins ici, *et que MEURSIUS*), *a inscrit les derniers comme une autre
classe de magistrats réguliers.* FOURMONT a très-bien fait, puisqu'en faisant le contraire , il eût commis une erreur ; et, dans
aucun cas , une supposition de M. KNIGHT , déjà contredite par
le témoignage formel d'HESYCHIUS , ne doit prévaloir sur l'autorité d'un monument. *Ce qui est plus extraordinaire·, il les a inscrits,
ces magistrats domestiques , dans un monument destiné à consacrer le
souvenir d'une guerre.* Mais cela n'est *extraordinaire* que dans la
supposition erronée de FOURMONT ; supposition qu'on ne feint
d'adopter ici que parce qu'elle est réellement incompatible avec le
monument même : car , si ce monument n'a pour objet que de
mentionner des magistrats qui étoient en charge à une époque
quelconque et à quelque titre que ce fût, qu'y a-t-il donc de si
extraordinaire à ce que les *censeurs domestiques* soient compris, aussi
bien que les *gouverneurs militaires ,* dans un tableau complet des
magistrats spartiates ? *En certain cas , il semble que FOURMONT n'ait
lu , des compilateurs qu'il prenoit pour guides , que les titres de leurs
chapitres.* C'est nous donner l'idée d'un faussaire bien maladroit,
et c'est le cas de dire ici que qui veut trop prouver ne prouve
rien. *Autrement il ne nous auroit pas donné un magistrat tel que le*
βουάγϑρ, *qui , suivant tous les témoignages, n'étoit que le chef adolescent de chaque compagnie· des enfans de* Sparte ? J'en tombe d'accord ; mais où M. KNIGHT a-t-il vu sur l'inscription, que cet
adolescent fût un *magistrat !* Son titre et son nom s'y trouvent,
parce que cette inscription offroit , comme je l'ai dit , une liste
générale des personnes revêtues d'un titre quelconque, et que,
d'après l'importance que les Spartiates attachoient à l'éducation

de leurs enfans, le chef de cette jeunesse, l'orgueil et l'espoir de la patrie, ne pouvoit être omis dans une semblable liste.

Voilà, dans un bien petit espace, un assez grand nombre d'assertions, ou fausses, ou hasardées : celles qui suivent sont peut-être encore plus singulières. *Un autre magistrat extraordinaire*, dit toujours M. KNIGHT, *est l'*ANIOKAPATHP, *l'*Η'νιοχαράτηρ, *ou Maître général de la cavalerie, nommé dans* HESYCHIUS. En quoi donc, oserai-je demander au critique, est-il si extraordinaire ? est-ce parce que ce nom se trouve écrit dans HESYCHIUS ? *Le mot est évidemment corrompu, et devroit être écrit* ηνιοχρạῖης *ou* ηνιοχαρῖης. Ainsi, parce que le texte de l'inscription est conforme à celui d'HESYCHIUS, il faut que ce dernier soit corrompu, et voilà ce qu'on appelle une *évidence!* Mais la correction proposée est inutile ; ήνιοχάρῖης est le même mot que ά̓νιοκ̤ρ̤ά̓τηρ dans le dialecte des Lacédémoniens, qui changeoient l'H en Λ, employoient le K pour le X quand l'usage de cette aspirée n'étoit pas encore généralement admis, inséroient souvent une voyelle, E ou Λ, entre deux consonnes pour éviter un choc trop rude, comme dans le mot παϱ̤ακαλαθεις, pour παϱ̤ακλαθεις, du décret contre le musicien Timothée, et qui enfin changeoient quelquefois le Σ final en P, comme le même décret en fournit tant d'exemples, et comme le faisoient également d'autres peuples de la Grèce, notamment les Érétriens de l'*Eubée*, au témoignage de STRABON (1). *Les Doriens devoient naturellement commencer ce mot par un* Λ ; *mais l'*Λ*, au temps de Théopompe et de Polydore, auroit dû être précédé de l'aspirée* Ϝ *ou* H *dans ce titre et dans ceux des* ΑΡΜΟΣΤΑΙ *et des* ΑΡΜΟΣΥΝΟΙ. C'est en suivant la théorie de M. KNIGHT que l'Λ eût dû être aspiré ainsi ; et s'il résulte de là une objection, c'est contre cette théorie là même, et non pas contre le monument de FOURMONT ; car le témoignage des anciens et les nombreux exemples recueillis par les lexicographes (2)

---

(1) STRAB. *Geograph.* lib. X, p. 448, Casaub.

(2) HESYCH. *v.* Βαλκιώτης, *et Commentat. ad hunc locum.*

N 2

prouvent que l'aspiration familière au dialecte de *Lacédémone*
étoit le в, comme le dit, entre autres auteurs, Pausanias (1),
et non le ꜰ, ou le н, comme l'assure le seul M. Knight. Ainsi le
mot régulier eût été ici ΒΑΝΙΟΚΑΡΑΤΗΡ, au lieu de ꝶΑΝΙΟΧꝶΑꝶΤΗΣ,
leçon bizarre qui ne repose que sur l'autorité de M. Knight. *Les
Spartiates*, continue-t-il, *employoient le* ꝶ *pour le* Σ : *mais ils le faisoient régulièrement, sans doute, et non pas capricieusement, comme cela
se voit sur ces inscriptions, et comme* Fourmont *l'avoit trouvé dans
les compilations de* Cragius *et de* Meursius (2). Mais, à moins
que M. Knight n'ait, de sa vie, considéré attentivement aucune
inscription antique, ce que je suis bien éloigné de supposer, il
est impossible qu'il n'y ait point remarqué ces mêmes irrégularités d'orthographe, ces *caprices*, comme il les appelle, qui sont de
tous les dialectes, et qui se rencontrent à toutes les époques. Vouloir soumettre les langues, et la prononciation de ces langues,
et les monumens qui en sont à nos yeux l'expression fidèle,
à des règles invariables et universelles, c'est oublier que ces
langues éprouvent, dans leur formation et dans leur cours, une
foule de variations dont il est impossible de rendre compte
par l'analogie; que l'usage, qui en est la seule règle constante,
est essentiellement *capricieux* de sa nature; que, d'ailleurs, les
inscriptions qui nous sont parvenues, sont l'ouvrage d'arti-
sans, qui substituoient le plus souvent à l'orthographe établie
les vices de leur prononciation; et qu'enfin ces irrégularités
mêmes prouvent l'exactitude de Fourmont, puisqu'un faussaire
se fût appliqué à éviter précisément des contradictions de ce

(1) Pausan. lib. v, c. 3; p. 380. Cf.
not; Sylburg. *ad hunc locum.*

(2) Remarquons ici, en passant, avec
quel mépris M. Knight parle de ces compilations de Cragius et de Meursius.
Mais oserai-je lui demander ce qui lui a
donné le droit de se montrer si sévère
envers les travaux de deux hommes aussi
exacts que laborieux, de qui il paroît
avoir emprunté lui-même les notions
qu'il annonce sur la langue et les institutions lacédémoniennes!

genre (1). Ainsi, de ce que вагоσ est écrit de cette manière, et non pas вагор, ou вотагор et non pas вотвагоσ, ou агεσιλλοσ et non pas вагεσιλλορ; il faut en conclure, non, comme le fait M. KNIGHT, *que FOURMONT écrivoit ces noms tels qu'il les trou-voit dans les divers livres qu'il consultoit, sans réfléchir à cette in-conséquence;* car il y auroit vraiment trop *d'inconséquence* à sup-poser FOURMONT capable d'avoir forgé de pareilles inscriptions, et d'y avoir inséré comme à plaisir tant de leçons contradic-toires; mais il faut en conclure qu'il copioit ses inscriptions dans l'état où il les voyoit, avec toutes les irrégularités de dic-tion et d'orthographe qui devoient se trouver sur des monu-mens distans de plusieurs siècles l'un de l'autre, et gravés par des mains différentes. *Le nom de la même personne est écrit en la forme ordinaire,* ΘΕΟΠΟΜΠΟΣ, *sur une inscription, et à demi laco-nisé,* ΣΙΟΠΟΜΠΟΣ, *sur une autre:* c'est qu'effectivement cela devoit avoir lieu perpétuellement dans des inscriptions où le graveur se laissoit guider tantôt par sa propre prononciation, tantôt par un modèle écrit; et c'est, encore une fois, un genre de contradictions qu'un faussaire, asservi à un système quel-conque de diction et d'orthographe, se fût bien gardé d'intro-duire dans les monumens d'un même peuple. *Le nom* LEO *y est même latinisé; car je crois que, dans tout dialecte grec, ce mot a dû*

(1) Il est peu de monumens anciens et authentiques qui ne présentent fréquem-ment de ces variations d'orthographe. Je n'en citerai qu'un seul exemple, du genre le plus directement applicable au cas dont il s'agit ici, et dont M. KNIGHT ne puisse être tenté de contester l'auto-rité. Cette antique inscription éléenne, qu'il a publiée et savamment expliquée lui-même (voy. *Classical Journal,* n. XXV, p. 113-119), offre, entre autres irrégula-rités, πιρ ΓΑλεοισ, et λιρ..δαμος, dans les-quels mots le *sigma* final est alternative-ment conservé et changé en *rho,* suivant l'usage des Doriens de *Sparte.* Cette *inconstance* d'orthographe a été remar-quée par M. KNIGHT, pag. 118, et par un autre critique anglais, qui a fait sur le même monument quelqu's observa-tions, que j'engage le lecteur à consulter (*Classical Journal,* n. XXII, pag. 349-351).

être écrit ΛΕΩΝ *ou* ΛΟΕΝ. Je le pense aussi : mais peut-on raison-
nablement imputer à Fourmont une ignorance aussi profonde?
et l'homme capable d'écrire les inscriptions d'*Amyclès* le seroit-il d'ignorer la forme vulgaire du mot ΛΕΩΝ? Pourquoi ne
pas voir ici, comme dans un grand nombre d'autres mots, la
leçon vicieuse ou de l'ouvrier ou du copiste, ou plutôt l'effet
inévitable que les accidens du temps ont dû produire sur des
inscriptions chargées de la rouille de tant de siècles? Et s'il
falloit rejeter comme supposés tous les monumens dans lesquels une lettre s'est altérée ou s'est perdue, y en auroit-il
beaucoup qui résistassent à ce genre de critique? y en auroit-il
un seul?

L'emploi de l'ι, au lieu de l'τ, dans quelques mots de ces
inscriptions, tels que ΝΟΜΟΦΙΛΑΚΕΣ et ΕΥΡΙΚΡΑΤΕΟ, étoit autorisé
par l'usage des Lacédémoniens (1), de l'aveu même de M. Knight,
qui semble croire cependant que Fourmont, en s'y confor-
mant, ait voulu déguiser la source de ses impostures sous cette
apparence d'érudition. Je pense bien plutôt que Fourmont, peu
familier avec ces formes particulières du dialecte spartiate, ne
les a conservées dans ses copies que par un principe d'exactitude. Ce sont, au reste, deux suppositions entre lesquelles le
lecteur est libre de choisir. Mais, puisque j'en ai trouvé l'occasion, je releverai chez M. Knight lui-même quelques assertions qui ne me semblent pas plus fondées que toutes les critiques auxquelles je viens de répondre. Il suppose (2) que le
digamma éolique, F, placé devant certains mots, comme οικος,
οινον, dont les Romains adoptèrent l'usage pour leur propre
langue, produisit, par la suppression de l'ο, les mots Fικος, Fινον,

_____

(1) Et d'autres peuples encore, comme
le prouve, entre autres monumens, l'inscription éléenne citée dans la note précé-

dente : et sur laquelle nous lisons λα'ρειο-
μενον pour λατρευομεναν.

(2) *Analys. of greek alphab.* pag. 11.

et il donne pour exemple de ce retranchement de l'*omicron*, d'anciennes médailles d'*Oaxus* en *Crète* (1), lesquelles portent simplement ΓΑΞΟΣ (2). Or cet exemple est mal choisi : en accordant que la soustraction de l'*omicron* sur les monnoies d'*Oaxus* soit bien régulière, ce dont je doute très-fort, quelle analogie y a-t-il entre ce cas particulier et celui que prétend justifier M. KNIGHT? Il y a plus; ce nom d'*Oaxus* n'a jamais existé que dans une leçon vicieuse d'HÉRODOTE (3), adoptée par ÉTIENNE DE BYZANCE et par d'autres lexicographes (4); et le véritable nom de cette ville de *Crète* est *Axus*, d'où le mot de ΓΑΞΙΩΝ ou de ΓΑΞΙΩΝ, qui se lit constamment sur ses médailles, par une double forme du *digamma* éolique. Il est impossible que M. KNIGHT ignore que ce point de controverse numismatique est maintenant décidé, et que les inscriptions copiées par CHISHULL (5) et CHANDLER (6) concourent avec les médailles pour fixer la vraie dénomination d'*Axus*. Il faut donc rejeter l'exemple allégué par M. KNIGHT, et recourir à une autre voie pour expliquer la conversion des mots οικος, οινον, dans la langue latine, sous la forme que nous connoissons. Or une foule de monumens attestent que la diphthongue οι étoit rendue ancienne-

---

(1) STEPHAN. BYZANT. v. Ὄαξος.

(2) Voyez DUTENS, *Explication de quelques médailles*, page 165. Je n'ai point sous la main l'ouvrage de cet antiquaire, et je ne puis vérifier si la citation de M. KNIGHT est exacte; mais ce que je puis assurer, c'est que toutes les médailles de la ville d'*Axus* qui sont au cabinet du Roi, portent pour inscription ΓΑΞΙΩΝ, et non pas ΓΑΞΟΣ. La même légende est donnée par ECKHEL (*Doctrin. num.* tom. II, pag. 305-306), par HAYM (*Thesaur. Brit.* tom. II, p. 181-182), par LANZI (*Saggio di ling. etrusca*,

tom. I, p. 106), par HUNTER (*Num. veter.* &c. p. 65), lequel attribue mal-à-propos ces médailles à la ville d'*Axia*, en *Italie*; et la seule variante qui soit indiquée par ces auteurs dans la légende de ces médailles, porte sur la forme du *digamma*, tantôt représenté ainsi, Ͼ, et tantôt de cette manière, Ϝ.

(3) HERODOT. *Hist.* lib. IV, c. 154.

(4) *Cf.* SUIDAM, v. Βάλος ; VIB. SEQUEST. *de Fluminib. Add.* SERVIUM *ad* VIRGIL. *Eclog.* I, v. 66.

(5) *Antiquit. asiat.* p. 114.

(6) *Inscript. ant. not. in marm.* XVIII.

ment, dans la prononciation, et dans les inscriptions, qui en sont l'expression fidèle, par le son et la figure de l'ϒ. C'est ainsi que l'ϒ est mis presque toujours au lieu de οι, sur cette curieuse inscription éolienne d'*Orchomène* qu'a publiée M. le Colonel LEAKE (1), et sur d'autres inscriptions du même dialecte et du même pays, qui se trouvent dans le recueil de M. TH. WALPOLE (2). Cet *upsilon* lui-même avoit, dans l'ancien dorien, dialecte si approchant de l'éolien primitif, le son qu'a eu depuis l'*iota*. M. KNIGHT le reconnoît, et je puis le prouver par le témoignage des monumens les plus irréprochables. Ainsi, sur le fameux décret des Lacédémoniens contre Timothée (3), on lit ταρ Ελεισινιαρ, pour τας Ελευσνιας, et μιθω διασκειαν, pour μυθου διασκευαν. On lit de même Αισιμνωντες pour Αισυμνωντες dans une belle inscription de *Cyzique* (4), et ϒΕΙΣ pour ΖΕΥΣ, sur une ancienne médaille de *Syracuses* (5). Enfin l'usage de cette permutation étoit assez général, pour qu'EUSTATHE en ait fait la remarque (6). Voilà certainement de quelle manière les mots οικος, οινον, &c., ont passé dans la langue des Romains ; et ce qui peut-être le démontre encore mieux, c'est que nous trouvons sur les plus anciens monumens latins cet emploi de οι pour ϒ et de ϒ pour ι, comme dans les inscriptions grecques que j'ai citées plus haut. Je n'en produirai qu'un seul exemple, où cette double permutation se rencontre dans un même mot, PLOIRUME, pour PLURIMI, sur l'inscription de L. SCIPION BARBATUS (7). Je reviens aux inscriptions de FOURMONT.

Après avoir critiqué l'objet et la diction des deux tables ou

(1) *Classical Journal*, tom. XIII, p. 332.

(2) *Memoirs relating* &c. p. 469.

(3) *Apud* BOËTH. *De Music.* lib. 1, c. 1.

(4) CAYLUS, *Recueil d'Antiquités*, tom. II. *planche* LV, *ligne* 6.

(5) TORREMUZZA, *Tabul. numismatic.* n. V.

(6) EUSTATH. *ad Iliad.* p. 1913.

(7) Vid. *apud* LANZI, tom. I, p. 151.

inscriptions

inscriptions messéniennes, M. KNIGHT s'attache à prouver que *la forme de ces monumens n'est pas moins extraordinaire que tout le reste, en ce qu'ils sont à-la-fois signés par le greffier public et scellés du sceau de l'État, sur lequel est gravé le mot* ΛΑΚΕΔΑΙΜΟΝ. Il soutient que cette apposition du titre du greffier sur la pierre même où le décret est tracé, *est une chose absurde, incompatible avec les mœurs des Spartiates, ou même de tout peuple doué du sens commun*; et sans justifier par des témoignages une seule de ces assertions si décisives, il prononce, avec la même assurance, qu'à *Sparte*, comme dans tous les états de la Grèce, le-magistrat n'autorisoit pas la teneur d'un décret quelconque en y ajoutant le titre de sa charge, mais en employant un mot qui exprimoit à-la-fois et la nature de son office et l'exercice actuel qu'il en faisoit. *Ainsi, dit* M. KNIGHT, *on lit sur l'inscription de Minerve Poliade,* ΝΙΚΟΦΑΝΕΣ ΜΑΡΑΘΟΝΙΟΣ ΠΡΟΤΟΣ ΕΓΡΑΜΜΑΤΕΥΣΕΝ; *et la même locution se retrouve dans cette parodie des actes d'une assemblée publique, que nous offre une des comédies d'*ARISTOPHANE (1). Mais, d'abord, le principe qu'établit ici M. KNIGHT, fût-il même rigoureusement prouvé, ne seroit point applicable aux inscriptions dont il s'agit, puisque ce ne sont point des *décrets* que ces inscriptions renferment, mais de simples *listes de magistrats*, dans lesquelles le titre du *greffier* se lit par la même raison que les autres titres qu'on y trouve. En second lieu, ne sembleroit-il pas d'après les deux seuls exemples allégués par M. KNIGHT, que la forme employée sur les inscriptions de FOURMONT fût tout-à-fait insolite, et dût être au moins inconnue des Lacédémoniens? Mais les usages de l'*Attique*, à laquelle sont empruntés ces exemples, ne doivent rien conclure contre ceux de la *Laconie*; et puis, la forme indiquée par M. KNIGHT n'étoit point tellement exclusive à *Athènes*, qu'on ne trouve, même dans les

(1) ARISTOPH. *Thesmophor.* v. 372.

O

monumens de cette ville, de quoi autoriser la forme suivie sur
ceux de *Lacédémone.* Je me bornerai, dans le grand nombre des
inscriptions que je pourrois citer, et que je n'irois point chercher dans les comédies d'ARISTOPHANE, à indiquer celles qu'a
recueillies CHANDLER (1), dans lesquelles le mot Γραμματεύς est
écrit à la suite du nom du magistrat revêtu de ce titre, de la
même manière que nous le lisons sur les inscriptions de FOURMONT,
si ce n'est que, sur celles-ci, les lettres du mot Γραμμαΐεύς sont
écrites de haut en bas, suivant la forme appelée κιονηδόν, et qui
fut une des plus anciennement usitées (2), au lieu que, dans les
marbres de CHANDLER, ce mot est écrit en ligne droite et de la
manière accoutumée.

La seconde *absurdité* que M. KNIGHT reproche à l'auteur de
ces monumens, est d'y avoir apposé le sceau de l'État, dans la
vue de rendre authentique la teneur des décrets qui y sont con-
tenus. Mais, avant de hasarder un pareil reproche, n'étoit-il pas
convenable d'examiner si c'étoit réellement *le sceau de l'État*
qu'offroient ces inscriptions? M. KNIGHT, toujours si disposé à
soupçonner l'ignorance de FOURMONT, devoit-il adopter aveu-
glément la moins raisonnable peut-être des interprétations de
ce voyageur? L'*absurdité* qu'il y trouvoit n'étoit-elle pas une
raison de douter que cette interprétation fût véritable? et fal-
loit-il enfin, d'une supposition qui n'inculpe que l'incapacité de
FOURMONT, faire un argument contre l'authenticité de ses monumens? Je le dis à regret, mais c'est la bonne foi de M. KNIGHT
lui-même qui me paroît suspecte, quand je le vois reproduire,
contre un monument auquel cette explication est tout-à-fait

(1) CHANDLER, *Inscr. antiq.* part. II,
p. 60, n. LV, lig. 32, 34; p. 61, lig. 19,
29, et alibi.

(2) FESTUS en fait mention au *mot*
TAEPOCON, et LANZI rapporte *(t. I,*

pag. 222, et pl. III, n.º 4) une inscription
étrusque, ainsi figurée. Voy. sur cet usage
FABRICIUS (*Bibliothec. græc.* tom. I,
p. 159).

étrangère, une opinion qu'il juge si absurde, et dont il sait que la fausseté a été démontrée. Il faut donc lui redire, puisqu'apparemment il l'a oublié, ce que D'HANCARVILLE a déjà répondu sur ce point (1); savoir, que ce que FOURMONT, par défaut de lumières et d'expérience, a pris pour le sceau public des Lacédémoniens, n'est que la manière propre à ce peuple d'écrire son nom sur ses monumens, en mettant chacune des lettres qui le composent entre les rayons d'une espèce de *roue*, comme on le voit sur une médaille de *Colonis*, en *Messénie*, dont la légende κοΛΩΝΑΩΝ paroît ainsi disposée, et qui ne fut connue et publiée, dans le *Supplément au Recueil de médailles des peuples et des villes* (2), qu'en 1767, vingt-un ans après la mort de FOURMONT. J'ajoute à cet exemple, cité par D'HANCARVILLE (3), une autre médaille du même genre, frappée par les Corcyréens, et au revers de laquelle se lisoit, entre huit rayons, les huit premières lettres du nom de ce peuple (4), κΟΡΚΥΡΑΙ. Cette méthode, empruntée originairement, à ce qu'il semble, des peuples du *Péloponnèse*, fut transportée de là en *Italie*, où les monnoies des diverses villes étrusques nous offrent la même particularité (5), et l'abbé LANZI cite un *as* unique du musée OLIVIERI, où le nom de la ville de *Vetluna* est ainsi écrit au revers de la médaille (6). Le cabinet du Roi possède une médaille de *Luceria*, en *Apulie*, sur laquelle les sept lettres, LOVCERI, sont pareillement disposées entre huit rayons conformes à ceux des

(1) D'HANCARVILLE, t. II, p. 227-229, not.

(2) Tom. II, *3.ᵉ supplém.* pag. 103; ECKHEL, *Doctrin. num.* tom. II, p. 276.

(3) *Recherches &c.* tom. II, p. 134.

(4) ECKHEL (*Doctrin. num.* tom. II, p. 178) cite une de ces médailles, appartenant au musée de Vienne. Le cabinet

du Roi et celui de M. GOSSELLIN en possèdent plusieurs, dont la fabrique et le type annoncent une antiquité plus reculée que celle des autres monnoies de *Corcyre*.

(5) D'HANCARVILLE, *ouvrage cité*, tom. II, pag. 240.

(6) LANZI, *Saggio*, tom. II, p. 30.

inscriptions de *Sparte* (1). Tous ces monumens, soit grecs, soit
étrusques et romains, n'étoient point connus au temps de FOUR-
MONT; et l'on ne supposera point, sans doute, qu'en forgeant des
inscriptions, il ait deviné si juste une forme particulière aux
peuples de la *Messénie,* dont il n'existoit aucun modèle, et qu'il
étoit si éloigné de reconnoître, qu'il la prenoit, par la plus ridicule des suppositions, *pour le sceau public apposé aux grandes dé-
libérations de l'État* (2). L'ignorance de FOURMONT devient donc
encore ici une preuve incontestable de sa sincérité : car, s'il eût
fabriqué ces inscriptions, et deviné, plusieurs années avant qu'on
en découvrît des monumens, la manière dont les Lacédémoniens
écrivoient leur nom sur leurs inscriptions, il n'eût point pris
cette forme pour un *sceau de l'État;* et sa méprise, en montrant
qu'il interprétoit mal les monumens, prouve en même temps qu'il
étoit incapable de les forger (3).

J'espère que M. KNIGHT voudra bien enfin s'expliquer sur ce
point, quoique, à vrai dire, il paroisse tellement se complaire
dans ses premières idées, qu'il se contente souvent de les reproduire, lors même qu'il auroit le plus de raison de s'en défier. C'est
ainsi qu'il allègue contre l'inscription du bouclier d'Archidame
la différence de la généalogie de ce prince, telle qu'elle est ex-
posée sur ce monument, d'avec celle qui nous est donnée par

---

(1) C'est la médaille qui est gravée au
frontispice.

(2) *Acad. des Bell.-Lettr.* tom. XV,
pag. 401.

(3) Il existe parmi les manuscrits de
FOURMONT plusieurs inscriptions de
Lacédémone, qui, par la forme des caractères, paroissent d'une époque peu éloignée de celle à laquelle appartiennent
les tables messéniennes critiquées par
M. KNIGHT. J'ai fait graver (voy. la

pl. IV) une de ces inscriptions jusqu'ici
inédites ; et les particularités neuves et
curieuses qu'elle renferme; serviront, je
pense, à mieux faire éclater la bonne
foi de FOURMONT. Mais, les observations auxquelles ce monument doit donner lieu, exigeant plus d'espace que je
ne pourrois leur en donner ici, je les
rejetterai à la fin de cette lettre, et sous
la forme d'un *Appendice.*

PAUSANIAS (1); difficulté, au reste, qui n'avoit point échappé à l'ancienne Académie, et dont l'observation est consignée dans ses fastes (2). Cependant M. KNIGHT ne peut ignorer que cette difficulté a été résolue d'une manière, sinon incontestable, du moins très-satisfaisante, par l'auteur des *Recherches* (3); et il semble qu'avant de la reproduire, il eût fallu du moins répondre à l'explication qu'on en a faite. De plus, il n'est pas exact de dire que la généalogie d'Archidame, telle qu'elle résulte du récit de PAUSANIAS, ait été *généralement* admise par les anciens, puisque le *contraire* a été prouvé dans un savant mémoire de M. DE LABARRE (4), et qu'il est évident pour tout homme qui voudra prendre la peine de comparer les témoignages divers des historiens, qu'il n'y a jamais eu parmi eux de système reçu concernant la généalogie des *Proclides.* Dans cette incertitude où flottoient les opinions des anciens eux-mêmes, il semble qu'un monument tel que celui de FOURMONT, gravé au nom du souverain et par les mains du peuple que cette tradition intéressoit, devoit inspirer plus de confiance que le témoignage de PAUSANIAS, dont la source ne nous est point connue, dont l'autorité peut toujours être plus ou moins suspecte; et qu'enfin, sans les injustes préventions qui se sont élevées contre les inscriptions de FOURMONT, un pareil monument eût dû décider irrévocablement la question, au lieu d'en compliquer les élémens.

La manière dont le nom de Zeuxidame est écrit sur l'un des boucliers, ΔΕΥΚΣΙΔΑΜΟ, pour ΖΕΥΞΙΔΑΜΟΥ, fournit à M. KNIGHT l'occasion d'appliquer à la formation de ce mot les principes

---

(1) PAUSANIAS, lib. III, c. 2.
(2) *Acad. des Bell.-Lettr.* tom. XVI, p. 108, *note, Histoire.*
(3) D'HANCARVILLE, *Recherches*

sur l'origine et les progrès des arts de la Grèce, tom. II, p. 211 et suiv.
(4) *Acad. des Bell.-Lettr.* tom. VIII, p. 262, sqq.

systématiques qu'il établit dans son livre; et je doute qu'on doive,
dans l'opposition qui en résulte, préférer la théorie du critique
moderne à l'autorité du monument ancien. L'emploi du Δ au
lieu du Z est, de l'aveu de M. KNIGHT, justifié par les plus anciennes médailles de *Zancle*, sur lesquelles on lit ΔΑΝΚΛΕ (1):
mais, en admettant que FOURMONT ait pu connoître cet exemple,
concession tout-à-fait généreuse envers un homme qu'on suppose du reste si ignorant, M. KNIGHT soutient que cet exemple
ne sauroit autoriser la leçon ΔΕΥΚΣΙΔΑΜΟ, attendu que *Zancle*
étoit une colonie *ionienne*, dont le dialecte favorisoit la suppression du *sigma*, au lieu que le dialecte des Spartiates, qui étoit le
dorien, transposoit ces deux caractères; de sorte qu'il eût fallu
écrire ΣΔΕΥΚΣΙΔΑΜΟ. On voit avec quelle rigueur M. KNIGHT tire
des conséquences d'un principe qui n'est point lui-même incontestable. Mais il s'en faut bien que l'orthographe des noms, et
sur-tout des noms propres, demeure toujours conforme aux règles
d'une analogie si sévère, si inflexible; et, dans les dialectes de la
Grèce, sujets à tant de variations et d'inflexions diverses, dont
nous connoissons à peine une partie, il s'en faut bien aussi que les
principes de l'un doivent être aussi rigoureusement appliqués à
ceux d'un autre. La colonie de *Zancle* n'étoit pas purement *ionienne*,
comme le dit M. KNIGHT, toujours absolu dans ses assertions;
c'étoit un mélange de plusieurs peuples réunis en différens temps
et sous différens chefs (2), parmi lesquels dominoit le sang des
Chalcidiens de l'*Eubée* (3): or, qui peut affirmer que l'ionien de
Zancle, que nous ne connoissons que par les médailles de cette
ville, favorisât la suppression du *sigma*! D'un autre côté, est-il
certain que, dans la langue des Spartiates, le *sigma* précédât

_____

(1) ECKHEL, *Doctr. num.* tom. I,
p. 219.

(2) HERODOT. lib. VI, c. 23; THU-

CYDID. lib. VI, c. 4; ARISTOT. *De Republ.* lib. V, c. 3.

(3) THUCYDID. *loc. suprà laud.*

toujours le *delta* dans les mots où la réunion de ces deux lettres
tenoit la place du *zéta* ! Le mot ΣΔΕΥΣ pour ΖΕΥΣ, sur une médaille de *Trézène* (1), favorise, il est vrai, cette supposition ; mais
peut-on avec sûreté, d'un seul exemple, et d'un exemple étranger
aux Spartiates, conclure une règle générale ? Il y a plus : cette médaille, avec la leçon ΣΔΕΥΣ, n'est rapportée que par GOLTZIUS ;
et le docte et judicieux ECKHEL la déclare forgée d'après les médailles de *Syracuses*, qui offrent simplement ΖΕΥΣ ΕΛΕΥΘΕΡΙΟΣ (2).
Je ne nie point que la médaille de *Trézène*, quoique connue du seul
GOLTZIUS, ne puisse être authentique ; mais, tant qu'elle paroît
douteuse, on ne peut, de cet exemple unique et contesté, tirer
aucun argument solide. Le mot μᾶζα, que les Lacédémoniens et
les Béotiens prononçoient μᾶδδα, au témoignage d'HESYCHIUS,
sembleroit d'ailleurs prouver, contre l'opinion de M. KNIGHT,
que le Δ étoit plus familier au dialecte de ces peuples, lequel
étoit puisé à une source commune, l'ancien éolien ; et c'est un fait
établi par le témoignage uniforme des grammairiens et des monumens (3), que l'usage fréquent qui se faisoit, dans les dialectes
issus de l'éolien, de cette lettre Δ en la place du Σ. Enfin, que
pourroit opposer M. KNIGHT au témoignage de PLATON, qui
affirme en général (4) que les anciens Grecs employoient le Δ
au lieu du Ζ ; et à celui du grammairien PRISCIEN, qui assure la
même chose des anciens Latins, et en donne pour exemple le
nom *Medentius*, écrit primitivement pour *Mezentius* (5)?

Le principe que pose ici M. KNIGHT, se trouve d'ailleurs en

(1) Les seules médailles autonomes de
Trézène qui soient connues et authentiques, offrent la tête de Neptune, ou
celle d'Apollon, avec la légende ΤΡΟ
(voy. PELLERIN et HUNTER).

(2) ECKHEL, *Doctrin num.* tom. I,
p. 243, et tom. II, p. 291.

(3) MAITTAIR. *De græc. dialect.* p. 141;
ECKHEL., *Doctrin. num.* tom. I, p. 180.
Conf. GREG. CORINTH. *De dialect.*
p. 587.

(4) *In Cratylo*, t. III, p. 302, Bipont.

(5) Pag. 552, edit. Putsch.

opposition avec sa propre théorie ; et il est curieux de voir comment ce grammairien si rigide sait faire fléchir, au gré de ses
préventions, les règles de sa critique. Il établit, dans le cours de
son livre (1), que *le Δ seul tint souvent lieu, dans les plus anciens
temps, de la double lettre* ΔΣ ; et il le prouve, *non-seulement par la
haute autorité des médailles de* Zancle ; *mais aussi par les noms de*
Zacynthe *et de* Zélée, *lesquels*, selon lui , *durent être primitivement
écrits* ΔΑΚΥΝΘΟΣ, ΔΕΛΕΙΑ. Ainsi, dans le système de M. KNIGHT,
l'emploi du Δ seul en place du ΔΣ ou du Z n'étoit pas particulier
à la *colonie ionienne de Zancle ;* il l'étend encore aux dialectes de
Zacynthe et de Zélée, lesquels, autant que nous en pouvons juger
par les témoignages de l'histoire et par les monumens, n'étoient
point formés à une source ionienne. *Zacynthe,* soit que l'on considère sa première population, qui étoit arcadienne (2), et par conséquent éolienne (3), soit que l'on considère l'établissement qu'y
firent les Messéniens (4), devoit parler un langage peu différent
de celui de *Sparte ;* et quant à *Zélée,* sur l'origine et l'histoire de
laquelle nous avons encore moins de lumières, nous entrevoyons
seulement que, fondée par des Crétois à une époque voisine du
siége de *Troie* et antérieure à la composition des poèmes d'Ho-
MÈRE (5), le dialecte qui y étoit employé ne dut offrir aucune
analogie avec l'idiome particulier aux Ioniens. Les exemples
que cite en premier lieu M. KNIGHT, sont donc contraires à
l'opinion qu'il établit ensuite ; et ce n'est pas la seule inconséquence où se soit laissé entraîner ce critique, par le desir de
trouver des contradictions dans FOURMONT. Il lui reproche encore d'avoir écrit ΔΕΥΚΣΙΔΑΜΟ par un Κ, au lieu du Γ, qui étoit

(1) *Analys. of greek alphab.* p. 33.
(2). PAUSAN. lib. VIII, c. 24 ; *add.*
STEPHAN. BYZ. *v.* Ζάκυνθος; EUSTATH.
ad *Iliad.* lib. II, v. 639.
(3) STRABON. *Geogr.* l. VIII, p.365.

(4). DIODOR. SICUL. lib. XIV, c. 78.
(5) Voy. mon *Histoire critiq. de l'établissement des Colon. grecq.* tom. II,
p. 145-147.

exigé

exigé par la racine ΖΕΥΓΩ. Mais n'y a-t-il pas aussi trop de
sévérité à vouloir que les Lacédémoniens du VIII.ᵉ siècle avant
J. C. se soient conformés toujours à des règles de critique établies dans le nôtre? et de même que, par une de ces légères al-
riations si fréquentes dans la prononciation, on écrivit, dans la
seconde inscription de *Sigée*, ΣΥΚΕΕΤΣΙΝ pour ΣΥΓΕΕΥΣΙΝ, qui se
lit dans la première, les Spartiates, dont il paroît que la prononciation étoit rude et âpre, comme le génie même de leur
langue et le caractère de leur nation, ne purent-ils pareillement
écrire ΔΕΥΚΣΙΔΑΜΟ, au lieu de ΔΕΥΓΣΙΔΑΜΟ?

Je néglige de répondre à une objection de M. KNIGHT qui,
ne reposant sur aucune autre autorité que la sienne, et n'étant
appuyée d'aucun témoignage historique, semble mériter moins
de considération; mais je m'arrêterai davantage sur une observation qui paroît plus spécieuse, et qui, heureusement, est
aussi la dernière. M. KNIGHT, trouvant le double *omicron* employé pour exprimer l'*oméga* sur l'inscription du bouclier d'Archidame et dans le mot ΛΑΚΕΔΑΙΜΟΟΝ, affirme, à la vérité sans
en donner aucune preuve, que *l'emploi de cette double lettre ne peut*
être justifié ni par l'autorité ni par l'étymologie. Or le défaut absolu
d'exemples de ce genre ne seroit pas encore une raison suffisante
de condamner le monument où il paroîtroit pour la première
fois. J'ai d'ailleurs montré que l'usage des doubles lettres pour
exprimer le son des voyelles longues avoit été connu des
Grecs et familier aux Romains; ce qui forme une présomption
en faveur de la méthode suivie sur les-monumens de FOURMONT.
Enfin un voyageur digne de foi, et que je me plais à attester
ici, M. DODWELL, m'a assuré qu'il avoit trouvé en Grèce des
inscriptions fort anciennes où l'*oméga* étoit représenté par deux
omicron rapprochés de cette manière, ∞, ce qui est exactement
le cas des inscriptions de FOURMONT; et, en attendant que la

P

vérité soit mise dans tout son jour par la publication de l'ouvrage
de M. DODWELL, que tant de motifs font vivement desirer, il
nous est permis de regarder ce point comme démontré dès à
présent. Ce qui m'étonne, au reste, dans la difficulté élevée par
M. KNIGHT, n'est pas qu'il ait eu assez de confiance en ses
propres lumières pour la proposer ainsi sans l'appuyer de
quelque raison, mais qu'il ne se soit point aperçu que cette particularité, qui lui a semblé unique sur les monumens de FOUR-
MONT, se reproduit fréquemment dans plusieurs autres inscriptions qui appartiennent à des temps plus anciens et aussi à
des temps plus modernes. Ainsi les mots ΜΟΟΡΑΓΟΙ et ΕΜΠΕ-
ΛΟΟΡΟΙ se trouvent sur deux des tables messéniennes, au lieu
de ΜΩΡΑΓΟΙ, que donne la troisième, et d'ΕΜΠΕΛΩΡΟΙ, que
porte le texte d'HESYCHIUS (1) : ainsi, sur une inscription d'un
âge beaucoup plus récent, puisqu'elle est nécessairement postérieure à la fondation de *Mégalopolis,* qui y est nommée, c'est-à-
dire, à l'an 371 avant J. C. (2), l'*oméga*, dès-lors introduit dans
l'alphabet grec, et employé sur tous les monumens de cette
langue, est constamment remplacé par deux *omicron* (3). Ce qui
me surprend davantage, c'est que M. KNIGHT n'ait point remarqué, sur les deux tables messéniennes que je citois tout-
à-l'heure, cet emploi alternatif ou simultané de l'*oméga* et du
double *omicron* dans des monumens du même âge et d'une
époque antérieure à celle où l'on croit généralement que l'*oméga*

_____

(1) HESYCH. *v.* Ἐμπέλωρος.

(2) PAUSAN. l. VIII, c. 27, et l. IX,
c. 14. *Add.* STEPHAN. BYZ. *v.* Μεγάλη
πόλις, et STRAB. *Geograph.* lib. VIII,
p. 388.

(3) J'ai fait graver cette inscription
inédite et curieuse, d'après la copie originale, écrite au crayon et sur une feuille
volante, que j'ai trouvée dans le journal

même de FOURMONT. Au revers de la
même feuille, se trouve, également au
crayon et dessiné d'une manière grossière,
quoique fidèle, le croquis du bouclier
d'Archidame, qui a été publié dans les
Mémoires de l'Académie. Voy. ci-après,
planche III.e, n. 2 ; et, à l'*Appendice,* les
observations que je présente sur cette inscription.

fut inventé, et qu'enfin il n'ait pas fait de cette double singularité la matière d'une objection, l'une des plus spécieuses assurément qu'on pût proposer contre l'authenticité de ces monumens.
Je n'abuserai point, pour l'avantage de ma cause, de ce défaut
d'attention de M. KNIGHT; et le même amour de la vérité qui
ne m'a pas permis de dissimuler cette objection, me détermine
à y répondre.

L'emploi de l'*oméga* sur un monument du VIIIe siècle avant
notre ère, et par conséquent antérieur de près de quatre siècles
à l'archontat d'Euclide, sous lequel on croit que fut inventé ce
caractère, est une particularité paléographique qui pourroit seule
détruire ce sentiment, ou qui, s'il étoit une fois bien et solidement établi, suffiroit pour ôter toute croyance au monument
qui y seroit contraire : c'est donc ici l'un des points les plus importans que nous puissions examiner. Mais l'opinion qui ne
fait remonter la connoissance et l'usage de l'*oméga* qu'à l'époque
de l'archontat d'Euclide, n'est très-probablement qu'un de ces
préjugés qui, introduits sans examen et reçus sans opposition,
ne peuvent être entièrement déracinés, même lorsque les preuves
contraires sont administrées en foule. L'abbé BARTHÉLEMY, dans
une des notes dont il a accompagné son *Explication du Marbre
de CHOISEUL* (1), a montré que l'*éta* étoit connu, et même employé dans les écrits des particuliers, long-temps avant l'époque
d'Euclide; et, de ce fait seul, il résulte déjà une grande probabilité qu'il en a été de même relativement à l'*oméga*. M. KNIGHT
est lui-même de cet avis, et il décide (2) que *les doubles voyelles
furent employées en* Asie *bien avant le temps de* SIMONIDE, *leur prétendu inventeur*. Malheureusement, il appuie cette opinion, qui
me paroît certaine, par des preuves qui ne le sont pas autant.
Il cite les médailles de Gélon Ier rôi de *Syracuses*, mort en 478

_____

(1) Note 1, pag. 75-82. | (2) *Analys. of greek alphab.* p. 19.

avant J. C., lesquelles offrent l'*oméga*. Mais ces médailles, aussi bien que celles qui sont attribuées à Hiéron Ier, sont d'une époque plus récente, et, suivant l'opinion de l'abbé BARTHÉLEMY(1), adoptée par feu M. VISCONTI (2), elles appartiennent réellement à Gélon II et à Hiéron II, et ne prouvent rien conséquemment dans la question qui nous occupe. Quand même il existeroit encore quelque incertitude à l'égard de l'âge de ces monnoies, il n'est pas moins vrai que, pour trancher une pareille question, il faut employer des monumens incontestables, et que les médailles de *Gélon* ne peuvent être ici d'aucun usage (3). M. KNIGHT n'est guère plus heureux en s'autorisant, en second lieu, des médailles de *Lesbos* qui ont pour légende le mot ΩΡΗΣΚΙΩΝ écrit de droite à gauche : non que ces médailles ne soient effectivement d'une époque et d'une fabrique très-anciennes, et que l'emploi des voyelles longues qui s'y trouvent, ne soit par-là même incontestablement prouvé antérieur à l'archontat d'Euclide ; mais ces monumens n'appartiennent point, comme l'a cru M. KNIGHT, à l'île de *Lesbos*; le type qu'elles représentent, le genre du travail et le caractère de la fabrique, tout concourt à leur attribuer une origine macédonienne (4); et je pense encore que notre critique s'est trompé en prenant ce mot inconnu, ΩΡΗΣΚΙΩΝ, pour *un titre mystique*

(1) *A l'endroit cité*, p. 82.

(2) *Iconograph. grecq.* IIe part., p. 16.

(3) Voy. la dissertation que le savant ECKHEL a faite sur ces médailles, *Doctrina num.* tom. I, p. 249-257.

(4) Le type représente le plus souvent un *centaure enlevant une femme*; et le même type se retrouve sur d'autres médailles, d'une fabrique absolument semblable, dont la légende doit être lue ΛΕΤΑΙΟΝ, comme l'a montré M. SESTINI (*Lettere numism.* tom. VI, pag. 2), au lieu de ΛΕΒΤΙΟΝ, qu'on lisoit auparavant, ou

de ΓΕΤΑΙΟΝ, que préfère M. KNIGHT (*Analys. of greck alphab.* p. 72). Cette fausse leçon avoit fait croire que ces médailles appartenoient à *Lesbos;* mais il est reconnu maintenant qu'elles sont celles de la ville de *Lété* en *Macédoine.* Par la même raison, celles des *Orescii*, qui, sauf la légende, sont absolument identiques, doivent être restituées aussi à la *Macédoine.* J'observe que cette légende, ΩΡΗΣΚΙΩΝ, n'étoit pas elle-même jusqu'ici exempte de toute incertitude : mais un fort beau médaillon inédit du cabinet

appartenant à quelque vieux dialecte (1) ; c'est bien plutôt le nom de quelque peuple dont la mémoire ne s'est pas autrement conser-vée : et combien, en effet, n'y en a-t-il pas dont l'existence négligée par l'histoire, ne nous a été révélée que par les médailles ?

Les médailles macédoniennes des *Orescii* établissent donc, par les caractères de vétusté qui leur sont propres, l'emploi des voyelles longues à une époque plus ancienne que celle où l'on suppose que l'usage s'en introduisit sur les monumens. J'en puis donner encore d'autres preuves qui ont échappé aux recherches, ou bien à la mémoire de M. Knight. Une médaille de *Crotone*, du cabinet de M. Gossellin (2), offre l'*oméga* sous une forme particulière, ⊗, et qui se distingue du *thêta* employé sur quelques anciens monumens, ⊗ (3), en ce que, dans ceux-ci, les lignes qui divisent, en se croisant, l'intérieur du *thêta*, ne se prolongent point au dehors, au lieu que, dans l'*oméga* de cette médaille de *Crotone*, elles sortent beaucoup au-delà (4). Le même mot nous offre encore le même caractère reproduit sous une autre

---

du Roi, de la plus parfaite conservation, et sur lequel on lit, en caractères très-distincts, ΟΡΡΗΣΚΙΟΝ, achève de confirmer cette leçon. On trouvera ci-après (*planch.* I, n. 1) le dessin de ce médaillon, et l'on y remarquera sans doute l'*omicron* et l'*éta,* tandis que, sur les autres médailles du même peuple qui paroissent encore plus anciennes, l'*éta* et l'*oméga* se trouvent simultanément. Ce seul exemple suffiroit pour montrer le danger des systèmes en numismatique, comme en toute autre chose.

(1) *Analys. of greek alphab.* p. 18.

(2) Voy. *planche* I, n. 5.

(3) Entre autres, à la quatrième ligne de la première inscription de *Sigée ;* sur

les colonnes d'Hérode Atticus, et encore ailleurs (voy. Barthélemy, *Académ. des Bell.-Lettr.* tom. XXIII, p. 399 ; Eckhel, *Doctrin. num.* tom. I, *prolegomen.* p. C). La célèbre inscription de *Larisse* en offre aussi plusieurs exemples (Gell, *Argolis,* planche 7).

(4) Sur une médaille incertaine de la *Campanie,* publiée par Eckhel (*Syllog. num.* p.2-3), l'*omicron* paroît figuré ainsi, ⊗, dans le mot ΙΔΝΟ : mais ce mot est inconnu, et l'on peut justement douter s'il a été bien lu. D'autres monumens du même pays et d'une fabrique semblable donnent des variantes qui fortifient encore l'incertitude (Millingen, *Méd. inéd.* p. 14).

forme ϙ, dans laquelle on voit la partie circulaire de cette lettre traversée par une seule ligne droite (1) : or le creux au revers et le genre de fabrique de cette médaille indiquent certainement une des plus anciennes époques de l'art du monnoyage. L'*éta* se montre sous cette forme, н, à presque toutes les lignes, et l'*oméga*, figuré suivant la manière ordinaire, ω, à l'avant-dernière ligne de la seconde inscription de *Sigée*, qui appartient au milieu du sixième siècle avant J. C. L'*oméga* paroît sur le revers en *carré creux* d'une médaille de *Neapolis* en *Macédoine* (2), et dans la légende OPΘAΓOPEΩN de celles d'*Orthagoria*, ville de la même contrée. PELLERIN, qui a publié la dernière (3), la déclare fort ancienne, sur ce que ce nom d'*Orthagoria* cessa de bonne heure d'être en usage, pour faire place à celui de *Stagire* (4) ; et cette raison est convaincante, quoiqu'ECKHEL, faute d'avoir considéré les monnoies contemporaines des *Orescii*, en ait jugé différemment (5). Enfin l'*oméga* se remarque encore sur un fragment de bas-relief du plus ancien style de l'art, lequel représente, entre autres personnages, la figure d'Agamemnon, et dans le nom même de ce prince, écrit à rebours et circulairement (6). Tous ces exemples, auxquels il seroit possible d'en ajouter de nouveaux, prouvent sans contredit que l'*oméga* et l'*éta* furent employés sur

(1) M. MIONNET a rangé cette lettre et la précédente parmi les *omicron* (voy. sa *Paléograph. des médailles grecques*, pl. XXXI) : mais je pense différemment, parce qu'il y avoit un *oméga* dans le nom de *Crotone* ; et il est bien plus naturel de voir dans ces deux formes inusitées celles qu'on donnoit primitivement à l'*oméga*, sur-tout quand l'*omicron* paroît sous sa forme ordinaire, O, en d'autres médailles de la même ville, et également anciennes.

(2) MIONNET, *Description*, tom. I, pag. 478, pl. XXXIV, n. 129.

(3) PELLERIN, *Recueil I*, pag. 186, pl. XXXII, n. 47.

(4) *Fragment. geograph.* apud HUDSON, tom. IV, pag. 42.

(5) ECKHEL, *Doctrin. num.* tom. II, p. 73. Le même antiquaire a commis la même erreur au sujet d'une médaille de *Pydna*, dont la légende, ΠΥΔΝΑΙΩΝ, offre l'*oméga* sous la forme accoutumée, et qui doit être rapportée à la même époque.

(6) Ce bas-relief, déterré dans les ruines de *Samothrace*, faisoit partie de la belle collection de M. le comte DE CHOISEUL.

les monumens publics des divers peuples de la Grèce, avant
l'époque où *Athènes* les adopta pour son usage; et l'on ne doit
pas être surpris de trouver le premier de ces caractères employé
conjointement avec le double *omicron*, qui précédemment en
tenoit lieu, sur des inscriptions messéniennes du VIII.e siècle
avant J. C., de même que nous voyons l'o et l'ω paroître indifféremment dans le même mot et à des époques probablement très-
voisines, sur les médailles macédoniennes des *Orescii.*

JE crois avoir répondu, MYLORD, à toutes les objections de
M. KNIGHT, et ne m'être abstenu de relever que ses expressions
injurieuses, qui, si elles pouvoient prouver quelque chose, ne
prouveroient rien assurément contre FOURMONT. J'ai mis dans
ma réponse, je ne dirai pas toute la force, mais toute l'exactitude, et, en même temps, toute la briéveté dont j'étois capable;
et, pour ne point alonger cet écrit, où j'ai déjà peut-être abusé,
MYLORD, de l'attention que j'ai osé réclamer de vous, je me suis
interdit toute réflexion sur des critiques postérieures, et notamment sur celles de votre illustre PORSON. Je n'ai pas besoin de
justifier ce silence; et personne, j'ose du moins le croire, ne sera
tenté à présent de l'interpréter d'une manière injurieuse pour sa
mémoire, ou défavorable à ma cause. Je respecte le nom de ce
savant, et je sais quelle autorité les critiques de M. KNIGHT ont
reçue de l'assentiment de PORSON. Mais il est des préventions
dont les meilleurs esprits ont peine à se défendre; et il n'est pas
rare que, dans le vaste champ des opinions humaines, l'erreur

GOUFFIER, et est maintenant au Musée
royal. Le style de ce monument, et la
forme des caractères qui y sont tracés,
lui assignent une antiquité au moins
égale à celle de la première inscription
de *Sigée.*

ait plus de partisans que la vérité. Je ne laisserai cependant point sans réponse les argumens de PORSON ; et les explications nouvelles où j'entrerai à ce sujet dans le *Recueil d'inscriptions* que je prépare, fixeront peut-être enfin l'opinion des hommes instruits sur ces monumens si curieux, et, selon moi, si mal appréciés jusqu'à ce jour.

En terminant cette lettre, je ne puis me défendre, MYLORD, d'une dernière réflexion, que m'ont suggérée les derniers mots de M. KNIGHT. Il s'afflige que deux savans illustres, tels que D'HANCARVILLE et l'abbé BARTHÉLEMY, se soient exposés à perdre tout le fruit de leurs travaux, en devenant, comme il le dit, les dupes ou les complices de la plus insigne imposture ; et, au ton dont il s'exprime, il est aisé de voir qu'il entre dans ces regrets plus de satisfaction pour lui-même que de véritable compassion pour ces savans. Me sera-t-il permis de gémir à mon tour sur cette malheureuse facilité avec laquelle des gens de lettres, faits pour donner au monde l'exemple d'estimer leurs travaux et d'honorer leur caractère, accueillent et favorisent entre eux les imputations les plus honteuses ? Des reproches aussi graves, des expressions aussi flétrissantes, que celles de *fourberie*, *d'impudent mensonge*, *d'imposture insigne*, devroient-elles se trouver sous la plume d'un écrivain qui se respecte et qui veut être respecté de ses lecteurs ? Est-ce dans le domaine de la philosophie et des lettres que devroit s'exercer ce misérable penchant à croire le mal, à propager la calomnie ? et la probité littéraire n'est-elle donc plus qu'un vain nom ? Quoi ! sur la moindre apparence d'obscurité que pourra offrir un monument, on criera à la fausseté ! On fera consister la critique à nier ce qu'elle doit éclaircir, et l'on prouvera du savoir en montrant de l'incrédulité ! Un seul homme pourra donner la mesure souvent étroite de ses connoissances, pour la règle infaillible de l'opinion des autres :

il

il dira que ce qu'il n'entend pas ne doit être compris de personne; que ce qu'il ignore n'a jamais pu être vrai; et, parce qu'il l'aura dit une fois, une foule d'autres se croiront obligés de le redire! Il n'entrera même pas dans l'idée que cet homme qui parle si haut et qui décide si souverainement, puisse être lui-même trompeur ou trompé : ce sera de toutes parts un cri d'imprécations, à travers lesquelles pourra percer à peine la voix de la vérité; et le fruit des plus pénibles recherches, et l'autorité des plus anciens monumens, et, ce qui est plus précieux que tous les monumens, l'honneur et la mémoire d'un homme de bien, seront à jamais flétris, parce qu'il aura plu à quelque critique d'un esprit hardi et indépendant de se signaler, en les condamnant, par une opinion originale!

APPENDICE.

Note 1.

Il n'a été question, dans cet écrit, que des monumens attaqués par M. KNIGHT, c'est-à-dire, *des plus anciens*. Le reste de la collection de FOURMONT, ou plutôt le recueil presque entier de cet académicien, lequel est demeuré inédit jusqu'à ce jour, n'a pas besoin d'apologie, et n'est propre à exciter que des regrets sur ce que des critiques, pour le moins très-exagérées, ont nui à la publication d'un si précieux recueil. Au reste, je crois devoir faire ici devant le public la déclaration que j'ai faite au sein de l'Académie des belles-lettres; c'est que *la plupart* des inscriptions publiées par CHANDLER, quelques-unes de celles de la collection de MURATORI, *toutes* les inscriptions lacédémoniennes contenues dans les *Nova Fragmenta* de CYRIAQUE D'ANCÔNE, enfin le plus grand nombre des monumens apportés en France par feu le comte DE CHOISEUL-GOUFFIER, et d'autres plus récemment copiés en Grèce par M. POUQUEVILLE, consul de France à Janina, se retrouvent, absolument dans le même état, parmi les papiers manuscrits de FOURMONT. C'est ce que je prouverai, en publiant à la suite du *Voyage*, actuellement sous presse, de M. POUQUEVILLE, celles de ces inscriptions qui sont encore inédites; et mieux encore, dans un choix que je compte bientôt livrer moi-même au public, des plus curieuses inscriptions de FOURMONT. Il faudra bien que l'incrédulité se rende à un pareil genre de preuves; et ce succès, dont j'ose me flatter d'avance, je ne serai pas moins heureux de le partager avec le célèbre M. BOECKH, qui, en publiant des inscriptions de FOURMONT, si parfaitement analogues au *marbre de CHOI-SEUL* pour les formes de la diction et des caractères, a déjà mis dans le plus beau jour la fidélité et l'innocence de FOURMONT.

Q 2

Note 2, page 27.

La forme des boucliers représentés sur les monnoies de la *Béotie* ne diffère pas si essentiellement de celle des boucliers dessinés par FOUR-MONT, que celle-ci doive être qualifiée *absurde et imaginaire*, comme elle l'a été par M. KNIGHT; et je puis dire que, pour tout homme non prévenu, l'analogie de ces formes de boucliers est frappante. Toutefois, on n'en sauroit tirer aucun argument favorable à la fidélité de FOURMONT, s'il étoit vrai, comme l'affirme ECKHEL (1), que le bouclier béotien n'eût été d'usage nulle autre part qu'en *Béotie*. Ce docte antiquaire attribuoit, sur ce principe, à *Larymna* de *Béotie*, des médailles avec un semblable bouclier et la légende ΣΑ ΛΑ, que PELLERIN (2), et, depuis, M. SES-TINI (3), avoient cru être de *Lacédémone*. Il est aujourd'hui reconnu que ces médailles appartiennent à l'île de *Salamine* (4), d'où il résulte, contre le système d'ECKHEL, une exception qui peut s'étendre aux Spartiates. J'observe encore que, par une seconde exception, le bouclier béotien se retrouve au revers d'une médaille d'*Amphipolis* en Thrace (5). Cette forme n'étoit donc point si *absurde* ni si *imaginaire*.

Note 3, page 31.

Un médecin grec de l'île de *Zante*, domicilié à *Argos*, le docteur AVRA-MIOTTI, qui a publié, en 1816, des observations critiques sur le *Voyage en Grèce* de M. DE CHÂTEAUBRIAND (6), rend, en plusieurs endroits de cet opuscule, témoignage à l'exactitude et à la véracité de FOUR-MONT, et particulièrement en ce qui concerne le temple de la déesse *Onga*. Je transcrirai ici ce passage, qui contredit si positivement les assertions de M. KNIGHT et de lord ABERDEEN, et qui mérite d'autant plus de considération, que l'auteur, fixé depuis long-temps dans la Grèce, a vu et examiné à loisir des lieux sur lesquels la plupart des voyageurs ne font que jeter en passant un coup-d'œil superficiel et rapide.

(1) ECKHEL, *Doctrina num.* t. II, p. 200.

(2) PELLERIN, *Recueil I*, tab. XIX, n. 4.

(3) SESTINI, *Lettere numismat.* tom. IV, pag. 56.

(4) Ces médailles sont décrites sous *Salamine*, dans le *Catalogue* de M. MIONNET, tom. II, pag. 106 et 149.

(5) *Même Catalogue*, tom. I, pag. 462.

(6) *Alcuni cenni critici del D. G. D. AVRA-MIOTTI sul Viaggio in Grecia*, &c., Padova, 1816.

Après avoir reproché à M. DE CHÂTEAUBRIAND les doutes qu'il té-
moigne sur l'existence de l'inscription des prêtresses d'*Amycles*, M. AVRA-
MIOTTI continue ainsi, page 31 : « Ma non merita scusa di non aver
» veduto, cinque cento passi lontan dal tempio d'Apollo Amicleo, con
», nessuno suo incommodo, *quel medesimo magnifico edifizio, che ne descrive*
» *il FOURMONT* negli atti delle iscrizioni e belle lettere. È lungo esso
» sedici piedi, largo dieci; una pietra ne forma il fondo, due ne formano
» il capitello; una è posta per ciascuno dei quattro lati, e tutte sono
» grezze e nericcie. La sua figura rappresenta una grotta. Per una porta
» angusta, non eccedente i quattro piedi, vi si montava per tre gradini,
» formati essi pure d'una sola pietra in tutta l'estenzion della fabbrica. Era
» questo un tempio di remota antichità, consecrato dal re EUROTA a
» Minerva, *il cui nome, che Onga presso i Lacedemonj era, è scolpito nel*
» *frontespizio.* »

M. AVRAMIOTTI parle ici en témoin oculaire, en homme qui est sûr
de son fait. Il décrit, comme encore existant et absolument conforme à
la description de FOURMONT, le temple de la déesse *Onga*; il atteste enfin
que ce nom *est gravé* sur le fronton de l'édifice. Un pareil témoignage
ne semble-t-il pas mériter plus de confiance que celui de lord ABERDEEN,
qui déclare précisément le contraire, mais qui peut n'avoir point vu le
monument dont il s'agit ici, et avoir mal appliqué les renseignemens fournis
par FOURMONT?

Les réflexions que fait ailleurs M. AVRAMIOTTI sur les causes de la
disparition de tant de monumens trouvés par les premiers voyageurs,
et perdus pour leurs successeurs, me paroissent mériter aussi d'être reproduites sous les yeux de mes lecteurs; les voici, page 35 : « Non è
» valevole ragione il tacciarlo (FOURMONT) di menzogna, perchè più
» le iscrizioni non si ritrovano. Ogni moschea, ogni chiesa, ogni
» bagno, ogni privato e pubblico edifizio in somma, non si fà che a
» spese dei frammenti antichi; spesse volte anche si riducono essi in
» pezzi per farne la calcina. In oltre, molti colla terra sono trasportati
» altrove dalle annue pioggie; ma quel che più cotribuisce a nascondere
» i monumenti, si è che i Greci, per conservarli, e per non essere co-
» stretti a trasportarli per lo spazio di molte giornate all'uso degli edifizj
» dei Turchi, gli nascondono con gran diligenza, tutte le volte che però
» riesce ad essi di poter ciò fare. »

Ce témoignage sur les précautions que prennent les Grecs eux-mêmes pour dérober les précieux monumens de leur pays aux recherches des curieux, ainsi qu'à la barbarie des Turcs ; ce témoignage, dis-je, s'accorde avec celui que j'ai cité de M. DODWELL, *page 10*, et explique très-bien, ce me semble, comment les inscriptions de FOURMONT peuvent ne plus se retrouver de nos jours, et avoir existé réellement, ou même exister encore dans le sein de la terre qui les recèle. Au reste, la véracité de FOURMONT, comme voyageur, ne tardera pas à être mise dans tout son jour par le célèbre et savant Anglais que je citois tout-à-l'heure, M. DODWELL ; et un nouvel hommage à l'exactitude de ce voyageur, si injustement décrié, vient d'être rendu dans le sein de l'Académie même à laquelle il a appartenu, par M. PETIT-RADEL, dont on connoît par tout le monde savant les doctes recherches sur les monumens des Grecs primitifs (1).

NOTES RELATIVES AUX PLANCHES QUI ACCOMPAGNENT CES LETTRES.

Planche 1.re

Les médailles, au nombre de *huit*, que renferme cette planche, sont citées et expliquées aux pages 21, 57, 58, 83, 86, 116, 117 et 118 de cet ouvrage. La médaille gravée au frontispice est citée *page 108*. J'ajoute ici, à l'appui de cette dernière, que, sur plusieurs médailles inédites de *Panticapée*, dont les dessins ne m'ont été communiqués que depuis l'impression de cet écrit, le revers est formé, comme dans les monnoies de *Corcyre*, par une *roue* à huit rayons, entre chacun desquels se lisent les lettres ΠΑΝΤΙΚΑΠ. M. SESTINI avoit déjà observé, sur des monnoies de *Panticapée* qu'il a publiées le premier (2), la même *roue*

(1) *Observations sur la véracité présumable de l'académicien* MICHEL FOURMONT, *considéré comme voyageur, et particulièrement comme l'un des premiers voyageurs modernes qui aient décrit* | *et dessiné les monumens cyclopéens ou pélasgiques du Péloponnèse.*

(2) SESTINI, *Lettere numismat.* tom. VI, pag. 13.

imprimée en contre-marque : mais, dans celle que je cite, et qui est dans
le musée de *Théodosie*, la *roue* à huit rayons remplit le champ entier
de la médaille, dont elle forme tout le revers ; c'est donc une analogie
de plus que nous fournit la numismatique, à l'appui de la pratique
suivie dans les monumens de FOURMONT.

Planche II.

Les alphabets rassemblés dans cette planche sont cités *page 16* ; et
les diverses observations auxquelles ont donné lieu quelques-unes des
lettres de ces alphabets, sont disséminées dans le cours de cet ouvrage : de nouveaux détails paléographiques seroient ici superflus.

Planche III, n.º 1.

Cette inscription seule pourroit être l'objet de nombreuses observations paléographiques, auxquelles je n'ai ni le loisir ni le moyen de me
livrer maintenant : je me contenterai d'indiquer brièvement les points
sur lesquels elle confirme les inscriptions amycléennes de FOURMONT ; et,
d'abord, je la transcrirai ici en caractères grecs ordinaires, pour l'in-
telligence de ceux de mes lecteurs auxquels la forme de ceux-là
pourroit n'être pas familière :

ΑΓΑΜΕΜΝΩΝ	Ἀγαμεμνών
ΑΛΚΑ	Ἀλκα
ΔΟΡΙΜΑΧΟΣ	Δοριμαχος
ΣΑΚΙΣ	Σακις
ΑΝΔΡΥΤΑΣ	Ἀνδρυτας
ΠΑΚΩΝ	Παχων
ΦΙΛΩΝ	Φιλων
ΘΕΡΣΑΝΔΡΟΣ	Θερσανδρος

L'*alpha*, le *mu*, le *nu*, le *rho*, l'*upsilon*, sont exactement figurés dans
cette inscription comme dans les plus anciennes de FOURMONT : on
y voit, comme dans celles-ci, le *chi* sous la forme moderne, et à une
époque certainement bien antérieure à l'invention supposée de SIMONIDE.

La même particularité a déjà été observée dans l'antique inscription de *Larisse*, qu'a publiée M. GELL (1). Le *lambda* ressemble à celui qui se voit sur les plus anciennes monnoies de *Caulonia* et de *Laüs* (2); de même que l'*iota* et le *sigma*, aux formes que ces lettres prennent sur les médailles de *Siris* et de *Posidonia*. Le *gamma*, ainsi que je l'ai remarqué page *83*, a la même figure que sur les monnoies de *Rhegium*, d'*Agrigente*, &c.; et le *coph*, qui paroît à la sixième ligne en guise du *cappa* ou de l'aspiré *chi*, est aussi figuré comme sur les plus anciennes médailles de *Crotone*. Le *phi* et l'*epsilon* se montrent ici sous une forme que n'offre aucun autre monument de l'antiquité, du moins à ma connoissance : les autres lettres n'ont rien de particulier.

Planche *III*, n.° 2.

Cette inscription offre quelques lacunes qui devoient se trouver dans le monument original, et quelques fautes, fruit de l'inadvertance du copiste : j'en donnerai la restitution, accompagnée de courtes remarques sur les points qui m'ont paru les plus essentiels :

Δαματειον Αειςανδρου Μεσο[α]ην]
Επιμελητην Αμυκ[λαις] γενομενον
Μεσσαν[ιων], και Αργ[ειων] κ[αι] Πατραιων [και]
Κορεν[θιων], και Σικυων[ων] και Εφ[υραιων]
Και Μεγαλοπολειων και των
αλλων ξενων
Κατοικουντες και παρεπιδαμουντες
Εν [Αμυ]κλαις, αρετας ενεκεν
Και καλοκαγαθιας και τας περς
Θεες ευσεβειας, ανεθηκαν
Απολλωνι.

Demetrium, Aristandri filium, à Mesoa,
Cùm Epimeletes in Amyclis fuisset,
Messeniorum, Argivorum, Patræensium,

Corinthiorum, Sicyoniorum, Ephyræorum,
Megalopolitanorum et
aliorum hospitum,
Habitantes et peregrinantes
In Amyclis, virtutis causâ
Et probitatis et erga
Deos pietatis, consecrârunt
Apollini.

Cette inscription semble porter, d'après la forme des lettres, le caractère d'une assez haute antiquité. Cependant la mention qui s'y trouve
du nom des *Mégalopolitains*, prouve qu'elle est au moins postérieure
à l'époque de la fondation de leur ville, c'est-à-dire, à l'an 371 avant
J. C.; et comme, d'un autre côté, on n'y remarque, ni dans le style,
ni dans les formules, aucune trace de la domination romaine, je crois
qu'on peut en rapporter l'âge vers le milieu du IV.ᵉ siècle avant notre ère :
or la plupart des caractères paléographiques des plus vieilles inscriptions
se retrouvent dans ce monument d'une époque beaucoup plus récente; ce
qui prouve la persévérance avec laquelle les anciennes habitudes étoient
maintenues en *Laconie*, et confirme en même temps une des remarques
que nous avons faites précédemment (1).

Le *Recueil* de MURATORI offre (2) une inscription absolument semblable à celle-là pour l'objet et pour la forme; de sorte qu'excepté
les noms propres, ces deux monumens semblent être l'expression d'une
seule et même formule. Il n'est pas inutile d'observer que cette seconde
inscription, trouvée à *Délos*, ne fut connue et publiée qu'après la
mort de FOURMONT, et qu'ainsi l'une sert à garantir l'authenticité de
l'autre.

Le marbre que nous publions est un monument de la reconnoissance
que plusieurs étrangers de diverses villes du *Péloponnèse*, domiciliés
ou passant à *Amycles*, avoient conçue pour les bons offices et les
vertus du principal magistrat de cette cité laconienne. On ne doit pas
être surpris du séjour de ces étrangers dans un pays dont ils sembloient avoir été si soigneusement écartés : cette loi de Lycurgue ne

(1) *Lettre première*, pag. 14.
(2) *Thesaur.* tom. II, pag. DLXIX. Conf.

Marmor. Oxon. p. 61, edit. Maittaire, et nôt
Prideaux, pag. 505.

R

fut jamais observée dans toute sa rigueur, et encore moins à une époque où la législation se relâchoit sur des points plus importans. Le P. PACCIAUDI a publié un décret des *Gythéates*, habitans du port de *Lacédémone*, par lequel ces citoyens honorent publiquement un étranger qui étoit *leur hôte et leur bienfaiteur :* ἀμὸν ξένον καὶ ἴδιον εὐεργέταν (1). HÉRO-DOTE atteste qu'il y avoit à *Lacédémone*, comme dans les autres villes de la *Grèce*, un *Proxène* ou magistrat chargé de recevoir les étrangers (2) ; et nous connoissons, par les témoignages de XÉNOPHON (3) et de PLUTARQUE (4), les noms de plusieurs Athéniens qui furent honorés par les Spartiates de ce titre de *Proxènes*.

Le magistrat appelé *Proxène* sur une foule d'inscriptions antiques est-il le même que celui qui est nommé *Épimélète* sur notre inscription, et sur celle de *Délos* qu'a publiée MURATORI! je ne le pense pas. Les fonctions attachées à ce titre d'Épimélète étoient primitivement religieuses ; elles consistoient, au témoignage d'ARISTOTE (5), à prendre soin des édifices et des choses employés au service divin. A *Athènes*, les Épimélètes étoient spécialement chargés de la surveillance des mystères (6) : cependant il y avoit encore, dans la même ville, un autre ordre de magistrats ainsi nommés, lesquels étoient préposés à l'administration du port, Ἐπιμελητὰς ἐμπορείου (7); et une troisième classe d'Épimélètes y étoit chargée de diriger les chœurs dans les représentations dramatiques (8). Plusieurs marbres antiques (9) nous montrent encore ce titre appliqué à des fonctions de diverse nature ; mais, dans le plus grand nombre de villes dont il nous reste de semblables monumens, je crois que le nom d'*Épimélète* désignoit le principal magistrat du lieu, sur-tout lorsque ce nom n'y paroît point accompagné du titre de quelques fonctions particulières, comme on le voit, entre autres, sur une inscription des *Paléens* de *Céphallénie* (10) et sur la nôtre.

Les lettres ΜΙΣΟ, qui terminent la première ligne dans la copie de

(1) *Monum. Pelopon.* tom. II, pag. 131.

(2) HÉRODOT. lib. VI, c. 57.

(3) XÉNOPHON, *Hellenic.* lib. VI.

(4) PLUTARCH. *in Alcibiad.*

(5) ARISTOT. *Politic.* lib. VI, c. 8.

(6) HARPOCRAT. v. Ἐπιμελητής.

(7) *Idem, ibidem.*

(8) XENOPH. *apud* Suid. v. Ἐπιμεληταί.

(9) *Apud* CHANDLER, *Inscript. antiq.* part. II, pag. 81, n. CXXXVIII, et *Append.* pag. 92, n. VII.

(10) *Apud* CYRIAC. ANC. *Inscript.* p. XII.

FOURMONT, appartenoient, sans doute, au mot Μεσσάτην, ethnique de
Μέσσα, qui étoit, au témoignage de STRABON (1) et d'ÉTIENNE DE
BYZANCE (2), le nom d'un bourg de la *Laconie* et d'une tribu laco-
nienne.

Les divers noms de peuples qui figurent sur cette inscription, soit
en entier, soit en partie, sont tous trop connus pour avoir besoin
d'être expliqués. J'ai lu Σικυωνῶν, comme sur une inscription de CYRIAQUE
D'ANCÔNE (3), au lieu de Σικυωνίων, qui est la leçon ordinaire. Sur le
mot Πατραίων, j'observerai que l'ethnique usité de la ville de *Patres*
[Πάτραι], est Πατρεύς et non point Πατραῖος, que porte notre inscription.
C'est Πατρεύς que donne ÉTIENNE DE BYZANCE (4); et c'est toujours de
cet ethnique que se servent PAUSANIAS (5) et les autres auteurs qui font
mention des habitans de *Patres*. Enfin on trouve Πάτρη à l'accusatif,
dans cette inscription d'*Actium* qu'a publiée récemment M. BOISSO-
NADE (6). Un faussaire n'eût pas manqué de reproduire la leçon donnée
par les auteurs; et celle de Πατραῖος, plus conforme à l'analogie, nous
a sans doute conservé la vraie orthographe de ce nom; nouvelle preuve
de la fidélité de FOURMONT, qui étoit peut-être superflue, mais que je
n'ai pas dû négliger.

J'ai restitué le nom Ἐφυραίων, dont il ne reste, dans la copie de
FOURMONT, que les deux premiers élémens. *Éphyre* étoit une ville du
Péloponnèse, située au voisinage de l'*Élide* et de *Cyllène*, ainsi qu'il
résulte des témoignages réunis de STRABON (7) et d'ÉTIENNE DE
BYZANCE (8); et, si je me décide pour cette ville plutôt que pour
aucune autre de celles qui portèrent le même nom en diverses contrées
de la Grèce, c'est que, comme il est uniquement question, sur ce
monument, de villes appartenant au *Péloponnèse*, j'ai cru que celle-là
devoit aussi y être comprise.

Les mots κατοικοῦντες καὶ παρεπιδαμοῦντες, qui se trouvent dans notre
inscription et dans celle de *Délos*, expriment une distinction que

(1) STRABON. *Geograph.* lib. VIII.
(2) STEPHAN. BYZANT. *v.* Μέσσα.
(3) *Nov. Fragment.* pag. XVIII, n. 129.
(4) STEPHAN. BYZ. *v.* Πάτραι.
(5) PAUSAN. lib. VII, 18, et alibi.

(6) *Ad calcem Epistol.* HOLSTEN. pag. 443
et sqq.
(7) STRABON. *Geograph.* lib. VIII, pag. 338.
(8) STEPHAN. BYZ. *v.* Ἔφυρα.

CICÉRON a rendue par des termes exactement analogues dans une de ses harangues (1): *Nos autem, qui Româ Capuam veneramus, non HOSPITES, sed PEREGRINI atque ADVENÆ nominabamur.* La traduction latine qui, placée en regard du texte grec, accompagne le plus grand nombre des inscriptions manuscrites de FOURMONT, et qui, si elle n'est point écrite de sa main, paroît du moins l'avoir été sous sa dictée, porte ici, *habitantes prata;* version aussi ridicule que la plupart des interprétations de ce voyageur. J'aurois pu, dans le cours de cette discussion, m'autoriser, plus que je n'ai fait, des fautes de ces traductions, qui prouvent combien FOURMONT étoit peu habile dans la langue grecque, et, par conséquent, incapable de forger des inscriptions en cette langue. Mais, quoique la réputation d'honnête homme soit infiniment plus précieuse que celle de savant, j'ai craint qu'on ne m'accusât de chercher à lui restituer l'une aux dépens de l'autre.

Planche IV.

Voici la copie de l'inscription, réduite en caractères et dans le dialecte vulgaires:

H Πολις η των Λακεδαιμονιων
ων Πρεσβευς
Δαμονακος Αριστανδρου

ΕΦΟΡΟΙ	ΒΕΙΔΙΑΙΟΙ
Λαμπριδιος	Λαμαχου [Λαμαχος]
Δαμοφιλв	Πλατωνος
Ξυμμαχος	Δαμοφιλος
Δαμοφιλου	Δαμοστρατου
Χαριλαος	Χαριλαος
Λαμαχου	Παμφιλου
Φιλανδηρ	Λαμπριδιος
Δαμαριου	Πλατωνος
	Αριστιππος
	Λαμαχου

APPENDICE. 133

ΙΑΤΡΟΙ	ΕΜΠΑΣΑΝΤΕΣ	ΒΟΥΛΙΑΙΟΙ
Δαμοφιλος	Δαμοφιλος	Δαματειος
υπαψΪρου	Λαμπριδιου	Λαμαχου
Πλατων	Δαμοφιλος	Νικομαχος
Δαματριου	Λαμαχου	Δαμαϊειος [Δαματειυ]
Λυκανδηρ	Δαματριος	Λυσανδηρ
Πλαϊωνος	Λυσιππου	Αριστοβυλου
Λυσανδηρ	Αρισανδηρ	Δαμοφιλος
Δαμονακου	Λυκομαχου	Πλαϊωνος
Αλκιππος	Λυσιππος	Πλατων
Δαμοφιλου	Δαματριου	Αριστομαχου
Λαμπριδιος	Αριστομαχος	Ιαμος
Στεφανου	Αριστομαχου	Δαμονακου

ΓΡΑΜΜΑΤΕΥΣ

ΧΑΡΙΛΑΣ [Χαριλαος] ΑΡΙΣΤΑΡΧΟΥ.

Cette inscription est presque absolument semblable, pour la forme
des caractères, aux trois tables messéniennes publiées dans les *Mémoires
de l'Académie* (1), et dont j'ai tâché de défendre l'authenticité contre les
doutes élevés par M. KNIGHT. L'objet de cette inscription paroît être
aussi le même que celui de ces tables, c'est-à-dire, de donner une liste
de magistrats et de personnes investies d'un emploi quelconque, à une
certaine époque de la république; et ce monument confirmeroit ainsi,
s'il en étoit encore besoin, les idées que j'ai développées au sujet des
trois tables messéniennes, dans lesquelles on a cherché des rapports
avec la guerre de *Messénie* qui n'existèrent jamais que dans l'imagination des interprètes. Il ne faudroit cependant pas conclure de la
double analogie que je viens d'indiquer, que cette inscription est du
même âge que les inscriptions messéniennes : la forme des caractères
employés sur celles-ci a pû fort bien être usitée encore plusieurs siècles
plus tard ; et la coutume de consacrer sur la pierre le souvenir des
magistrats qui avoient bien mérité de la patrie, est une de celles qui

(1) Tom. XV, pag. 397 et suivantes.

ont dû se maintenir le plus long-temps chez un peuple aussi fidèle à l'esprit de ses anciennes institutions. Les deux signes dont j'ai parlé seroient donc tout-à-fait insuffisans, ou même trompeurs, si l'on vouloit s'en servir uniquement pour déterminer l'âge de ce monument, que j'essaierai de fixer d'une manière plus exacte d'après d'autres renseignemens.

Le titre de cette inscription présente une formule elliptique, Λακεδαιμονίων ὧν Πρεσβεύς, *Lacedæmoniorum quorum (ERAT) Presbeus*, dont on chercheroit vainement un second exemple sur les monumens du reste de la Grèce : il faut en conclure, non que ce titre est supposé, mais que cette manière de s'exprimer étoit propre au langage des Spartiates, de l'élocution desquels il nous reste si peu de modèles. La fidélité de FOURMONT est, d'ailleurs, garantie sur ce point, comme sur tant d'autres, par une inscription publiée parmi les *Fragmens* de CYRIAQUE d'ANCÔNE (1) et dans le *Recueil* de MURATORI (2), laquelle offre un titre absolument semblable ; ce qui change en certitude la conséquence que j'avois tirée d'abord. Quant au mot de Πρεσβεύς, qui paroît en tête de cette inscription, au-dessus même du nom des Éphores, il est difficile de déterminer d'une manière précise en quoi consistoient les attributions du magistrat auquel ce titre est donné sur notre inscription et sur celle de CYRIAQUE D'ANCÔNE. J'ai trouvé fréquemment, dans le volumineux Recueil des inscriptions manuscrites de FOURMONT, le même titre attribué à divers ordres de magistratures lacédémoniennes, et sur-tout aux *Nomophylaques* ; et, dans ce cas, la signification de ce mot ne sauroit être douteuse : il désigne évidemment l'*ancien*, le *chef* des Nomophylaques. Le respect pour la vieillesse, sentiment si profondément imprimé dans les cœurs des Spartiates, explique suffisamment cette distinction accordée à l'âge. Mais le mot Πρεσβεύς, placé, d'une manière absolue, à la suite du nom des Lacédémoniens, ne peut avoir la même acception ; et je suppose qu'il désigne ici un magistrat particulier, sur l'existence et les fonctions duquel les écrits des anciens ne nous offrent aucun renseignement, mais qui n'en doit pas, pour cela, paroître moins réel, d'après les deux monumens incontestables qui en consacrent le titre.

Les *Éphores*, dont le titre est marqué sur notre inscription, immé-

(1) *Nova Fragmenta*, n. 260, pag. XL.   (2) *Thesaur.* tom. II, pag. 567.

diatement au-dessous de celui de ce magistrat, sont trop connus pour qu'il soit besoin de donner, à leur égard, aucun éclaircissement : je remarque seulement qu'on ne trouve ici que les noms de *quatre Éphores* au lieu de *cinq;* nombre fixé pour cette magistrature. La même singularité se retrouve encore sur d'autres monumens du même genre qu'à publiés FOURMONT : ainsi l'une des trois tables messéniennes ne donne que les noms de deux *Hippagrètes*, tandis qu'il est certain (1) que ces officiers généraux étoient toujours au nombre de *trois.* Je ne sais si je m'abuse, mais il me semble que ces défauts-là mêmes prouvent la fidélité de FOURMONT, qui, ne pouvant être étranger à des notions aussi vulgaires, sur-tout si l'on suppose qu'il a forgé ses inscriptions pour les y placer, n'auroit pas eu l'excessive maladresse de s'éloigner de ces notions en un point aussi essentiel que de nommer seulement *quatre* Éphores au lieu de *cinq, deux* Hippagrètes au lieu de *trois*, &c. De quelque manière qu'on explique cette lacune des monumens, il est donc évident que l'authenticité n'en sauroit être suspecte : mais ne peut-on pas supposer qu'à l'époque où furent gravées ces inscriptions, qui devoient offrir l'état actuel des principales charges remplies à *Lacédémone*, les noms du cinquième Éphore, du troisième Hippagrète, furent omis à cause de la mort des personnes revêtues de ces titres, ou d'après tout autre motif, qu'il seroit aussi facile que superflu d'imaginer !

Les *Bidiéens* sont connus par le témoignage du seul PAUSANIAS (2), qui dit que ces magistrats étoient placés, dans l'ordre politique, après les Éphores. CRAGIUS a très-bien fait de ne point les confondre (3) avec les Nomophylaques, suivant la distinction établie par PAUSANIAS; et c'est à tort que VALCKENAER a cru que ces deux ordres de magistrats n'en formoient qu'un seul (4). PAUSANIAS écrit Βιδιαιοι, et nous lisons

(1) *Conf.* XENOPHON. *de Republ. Lacedæmon.* c. 9; THUCYDID. lib. V, c. 72; PLUTARCH. *in Lycurg.* c. XXV.

(2) PAUSANIAS, lib. III, c. 11.

(3) *De Republ. Lacedæmon.* lib. II, c. 6.

(4) VALCKENAER, *ad Herodot.* l. VI, c. 57. C'est, du moins, l'opinion qu'énonce à ce sujet un savant italien, M. PEYRON, dans une lettre qu'il m'a fait l'honneur de m'écrire, et dans laquelle il m'exprime, avec beaucoup d'impartialité, ses doutes concernant quelques parties des inscriptions de FOURMONT, en même temps que ce qu'il croit y reconnoître d'exact et d'authentique. J'espère qu'il me pardonnera l'usage que je fais ici de sa lettre, et que, si cet écrit tombe sous ses yeux, il y trouvera quelques motifs de plus de s'affermir dans l'opinion qu'il a conçue de l'authenticité des monumens de FOURMONT.

Βειδιάιοι sur l'inscription de FOURMONT : variété de leçon qui prouve encore en faveur de l'exactitude de celui-ci ; car EUSTATHE et FAVORIN (1) écrivent Βείδιοι, qu'ils interprètent, l'un par οἱ ἔνδοξοι, et l'autre par οἱ Ἄρχοντες : or, si FOURMONT, qui n'avoit sans doute pas rapproché ces divers passages, eût forgé son inscription d'après le texte de PAUSANIAS, il eût suivi la leçon de ce dernier.

Les titres des magistrats qui sont placés, sur une même ligne, au-dessous des *Éphores* et des *Bidiéens,* ne nous étoient point connus jusqu'à présent, et le nom des Ἰατροὶ, *Médecins,* peut paroître au moins étrange sur un monument qui ne porte que le titre de personnes revêtues d'emplois publics. Cette circonstance s'expliquera peut-être par l'interprétation que nous allons proposer du titre des Ἐμπασιῶΐες et des Βουλιαῖοι, qui suivent immédiatement et qui ont sans doute avec celui-là une relation intime (2).

HESYCHIUS parle d'une magistrature lacédémonienne qu'il nomme Ἐμπασιῶΐας (3). Il ne s'explique du reste en aucune façon sur la nature de cette charge ; et CRAGIUS, qui l'a tout-à-fait omise (4), et MEURSIUS, qui se contente de transcrire le passage du lexicographe, sans y ajouter aucun éclaircissement (5), et les commentateurs d'HESYCHIUS (6), ne nous apprennent rien à ce sujet. Il est hors de doute que les magistrats nommés Ἐμπασιῶΐας par HESYCHIUS sont les mêmes qui sont appelés Ἐμπασιῶΐες dans l'inscription de FOURMONT, et que cette dernière leçon est la seule qui doive être admise ; je regarderai donc ce point comme démontré, et je ne m'occuperai que de l'interprétation de ce mot. HESYCHIUS explique le mot Ἔμπασις, qui précède immédiatement dans son lexique le mot ἐμπασιῶΐας, par celui de Ἔγκλησις, qui, dans la langue vulgaire, signifie *possessions, propriétés ;* et cette glose est suffisamment justifiée par plusieurs inscriptions en dialecte dorien, dans lesquelles le mot ἔμπασις est constamment employé en ce sens (7). Cela posé, je pense

(1) FAVORIN. *v.* Βείδιοι.

(2) Les observations suivantes sont extraites d'un mémoire que j'ai lu récemment à l'*Académie des Belles-Lettres,* et dans lequel je me suis livré à des développemens que je suis obligé de supprimer ici.

(3) HESYCH. *hâc voce.*

(4) *De Republ. Lacedæmon.* lib. II, c. 1, pag. 79 et sqq.

(5) MEURSIUS, *Miscellan. Laconic.* l. II, c. 4.

(6) *Ad voc.* Ἐμπασιῶΐας.

(7) *Inscript. apud* POCOCKE, pag. 50, n. 13 ; LEAKE, *Classical Journal,* tom. XIII, pag. 332 ; MURATORI, *Thesaur.* tom. II, pag. 589.

que

que le participe Ἐμπασύντες de l'inscription de FOURMONT dérive de la
même racine, du verbe ἐμπάομαι, *acquérir*, et qu'il ne peut signifier autre
chose sur ce monument que les personnes *chargées de veiller sur les propriétés, sur les acquisitions*. Or, si l'on admet cette interprétation, qui me
paroît très-vraisemblable, il ne me sera pas difficile de trouver la place
qu'occupoient ces magistrats dans la hiérarchie politique de *Lacédémone*.

XÉNOPHON dit que les rois recevoient de l'État, des revenus en terres
et en maisons, dont l'accroissement suivoit le même cours que celui de
la fortune publique (1) : or, dans un autre endroit, il dit encore qu'afin
de les soulager des soins de cette administration domestique, la république attachoit auprès de leurs personnes des magistrats, espèce d'intendans civils, qui les suivoient par-tout en temps de guerre, comme en
temps de paix, et qui étoient au nombre de *trois* (2). C'est précisément
le nombre des magistrats nommés Ἐμπασύντες dans l'inscription de FOUR-
MONT ; et l'analogie qu'offre ce nom, d'après la signification que j'ai cru
devoir y attacher, avec la nature des fonctions que remplissoient les
intendans des rois de *Sparte*, semble prouver que ces Ἐμπασύντες du
monument sont les magistrats désignés par XÉNOPHON, et dont cet
historien nous a laissé ignorer le nom lacédémonien. Cet accord, dont
la probabilité ne sera, je crois, contestée de personne, entre les témoignages de l'écrivain grec et l'inscription de FOURMONT, doit paroître
encore une preuve nouvelle de la fidélité de ce dernier.

Quant au nom de Βουλαῖοι, qui ne se trouve sous cette forme dans
aucun écrivain grec, il me semble qu'il est le même que celui de Βυλαῖοι,
qui, chez les auteurs (3) et sur plusieurs monumens (4), signifie *Conseillers*; et la différence de ces deux termes, dont je crois le sens iden-
tique, ne sauroit être une raison de rejeter le premier, puisqu'il appartient au dialecte propre aux Spartiates, dont nous sommes bien loin
de connoître toutes les particularités : cette différence même devient ic
une preuve de l'exactitude de FOURMONT, qui ne pouvoit ignorer le
terme de Βουλαῖοι, et qui, supposé qu'il eût forgé cette inscription, eût
certainement employé le terme reçu au lieu d'un mot inusité. La place

(1) XENOPH. *de Republie. Lacedæmon.* c. 13.   c. 30; SCHOL. APOLLON. RHOD. *ad lib.* IV;
(2) *Idem, ibidem*, c. 9.   v. 262.
(3) ULPIAN. *Enarrat. in* DEMOSTHEN.   (4) *Apud* PACCIAUD. *Monument Peloponn.*
pag. 197; DIODOR. SICUL. *Biblioth. hist.* lib. II,   tom. II, pag. 70 et pag. 77.

S

qu'occupoient ces *Conseillers* auprès de la personne des rois de *Sparte*, est encore une preuve d'authenticité pour le monument qui offre leurs noms rangés à la suite de ceux des *Intendans royaux*. En effet, THU-CYDIDE (1) et d'autres auteurs (2) nous apprennent que, pour punir une imprudence du roi Agis, les Spartiates lui nommèrent dix *Conseillers*, Συμβούλυς (3), espèce de surveillans sévères, sans l'avis desquels il ne pouvoit rien entreprendre. THUCYDIDE ne dit point que cette institution fût nouvelle; et il est probable que la précaution employée en cette circonstance contre le roi Agis consistoit, non dans la création d'un pareil office, ce que l'historien n'eût pas manqué d'exprimer, mais dans l'augmentation du nombre de ces tuteurs, lesquels n'étoient sans doute originairement que *trois*, comme ils sont marqués dans l'inscription de FOURMONT; et il paroît, d'ailleurs, que ce nombre de *trois* étoit géné-ralement affecté pour les offices des maisons royales de *Sparte* (4).

C'est aussi dans ce nombre que paroissent, sur l'inscription de FOUR-MONT, les Ἰατροι, *Médecins*, dont la mention, en apparence étrangère à un monument de cette nature, s'explique très-bien par les mêmes raisons que j'ai exposées pour les deux ordres de magistrats qui les accompagnent. Nous savons, effectivement, par le témoignage de XÉNOPHON (5) et d'HÉRACLIDE DE PONT (6), que les rois de *Sparte* se faisoient suivre, dans leurs expéditions guerrières, de personnes de professions diverses, entre lesquelles les *médecins* sont nommément compris par ces auteurs. Il est donc naturel de trouver leur nom parmi ceux des *Intendans* et des *Conseillers*, qui, comme eux, faisoient partie de la maison des rois; et le frappant accord de toutes ces notions historiques avec le monument recueilli par FOURMONT devient, pour la fidélité de ce voyageur, un argument de la plus grande autorité.

Quant à l'âge de ce monument, autant qu'il est possible de le déter-

(1) THUCYDID. lib. V, c. 63.

(2) DIODOR. SIC. lib. XII, c. 78 et c. 79.

(3) THUCYDIDE, et, d'après lui, DIODORE, ont sans doute exprimé par le mot vulgaire de Συμβόλους le titre de cette espèce de magistra-ture que les Lacédémoniens, dans leur dialecte particulier, appeloient Βουλιαῖοι. C'est ainsi que les écrivains attiques en usoient à l'égard des termes propres à l'idiome de *Sparte*, ainsi que l'atteste une foule d'exemples.

(4) Conf. XENOPH. *de Republ. Lacedæm.* c. 9 et 13; THUCYDID. lib. V, c. 72; PLUTARCH. *in Lycurg.* c. 25.

(5) XENOPH. *ibid.*

(6) HERACLID. PONT. *Fragment, de morib. extern.* pag. 278, ed. Coray.

miner dans le défaut de témoignages positifs, je conjecture qu'il est antérieur à l'époque où le nombre des *Conseillers* du roi Agis fut porté jusqu'à *dix*, laquelle époque répond à la 3.ᵉ année de la xc.ᵉ olympiade, 417.ᵉ avant Jésus - Christ. Les remarques paléographiques auxquelles cette inscription pourroit donner lieu, seroient superflues, après celles que j'ai exposées dans le cours des deux lettres qui précèdent; et c'est un point que je crois devoir abandonner à la curiosité de mes lecteurs.

FIN.

1
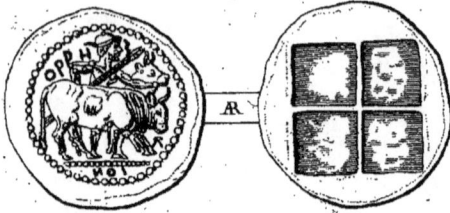

2
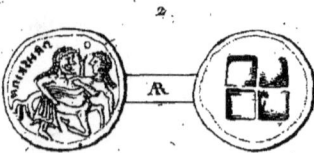

3
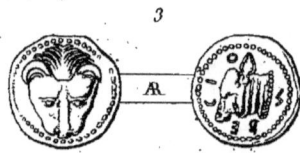

4

5
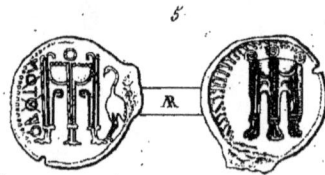

6
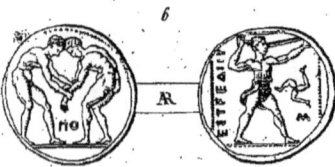

7

8
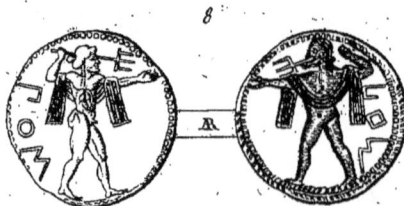

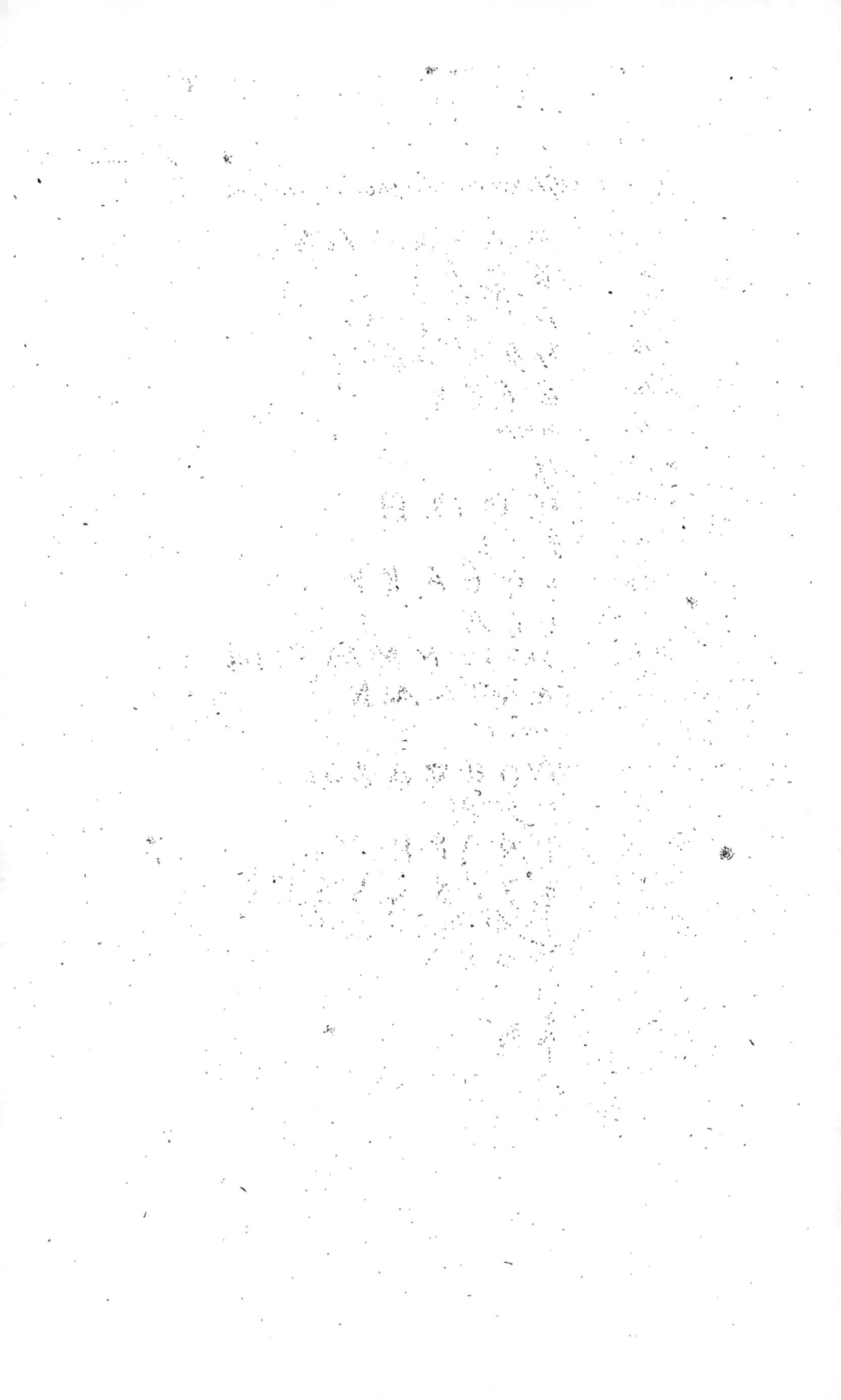

Pl. II.

Alphabets des Inscriptions de Fourmont.

Alpha	ΡΑΑΑΑΑΑΑ
Bêta	ΕΡ B B
Gamma	Λ Γ ϲ Λ Λ Γ
Delta	∇ Δ Δ Δ Δ Δ
Epsilon	Ε Ε ϵ Ε
Zêta	manque
Hêta	H
Thêta	⊞ ⊟ ⊡ ⊟
Iota	I / I
Kappa	ⱪ Ε Ε K K
Lambda	L L Λ
Mu	Μ ʌ ʌ Μ ʌ Μ Μ
Nu	Ν ᴎ ᴖ Ν Ν Ν
Xi	manque
Omicron	Δ Δ ◁ ∇ Δ Δ O o
Pi	Γ Γ Π
Rho	Ρ Ρ Ρ P P
Sigma	Ϟ Ϟ Ϟ Ϟ ϛ Ϟ Ϟ Ϲ Ϲ
Tau	Τ Τ ⋏ Τ
Upsilon	V Y y Y
Phi	Φ
Chi	Χ X
Psi	manque
Oméga	Ω Ω

Pl. III.

No 1.

ΑϹΑΜβΜΓΟΓ
ΑΓΚΑ
ΔΟΡϟΜΑΧΟΜ
ΜΑΚϟΜ
ΑΓΔΡΥΤΑΜ
ΓΑϘΟΓ
ϘϟΓΟΓ
ΘβΡΜΑΓΔΡΟΜ

2.

ΔΑΜΑΤΙ°ΝΑΡΙϹΤΑΝΔΡ°ΥΜΙϹ°
ΕΠΙΜΕΛΗΤΗΝΑΜΥΚ·ΓΕΝ°ΜΕΝ°Ν
ΜΕϹϹΑΝ···ΚΑΙΑΡΓ·Κ·ΠΑΓΑΙ°°Ν
Κ°ΡΙΝ··ΚΑΙϹΙΚΥ°°ΝΚΑΙΕΦ··
ΚΑΙΜΕΓΑΛ°Ρ°ΛΕΙΤ°°ΝΚΑΙΤ°°Ν
ΑΛΛ°°ΝΞΕΝ°°Ν
ΚΑΤ°ΙΚ°ΥΝΤΕϹΚΑΙΠΑΡΕΠΙΔΑΜ°ΥΝΤΕϹ
ΕΝ···ΚΛΕΙϹΑΡΕΤΑϹ ΕΝΕΚΕΝ
ΚΑΙΚΑΛ°ΚΑΓΑΘΙΑϹΚΑΙΤΑϹΠΡ°Ϲ
Τ°ΥϹΘΕ°ΥϹΕΥϹΕΒΕΙΑϹΑΝΕΘΗΚΑΝ
ΑΠ°ΛΛ°°ΝΙ

3.
ΑΜΑΔϞΕϞΕ
ϞΛΔΕΙ

4.
ΔΜΡΙΑ
ΔΜΡΙΟΥ
ΙΕΡΕΙΔ

5.
ΑΓϝϞΙϝΓΙ

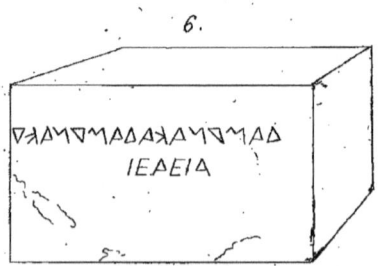

6.
ϞϞΔΜϞΜΑΔΑϞΔΜϞΜΔΔ
ΙΕΔΕΙΔ

Pl. IV.

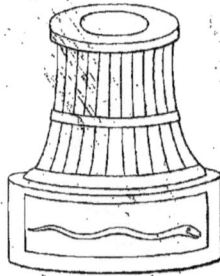

ΑΓΟ⟨ΙϟΑΤΟΟΝϟΑΚΕΔΑΙΜΟΝΙΟΟΝ
ΟΟΝΓΡΕϟΒΕΥϟ

ΕϘΟΡΟΙ　ΑΜΟΝΑΚΟϟΑΙϟΤΑΝΔΟΥ　ΒΕΙΔΙΑΙΟΙ

⟨ΑΜΓΡΙΔΙΟϟ　　　　　　　　ΑΜΧΟΥ
ΑΜΟϘΙⲤΟΥ　　　　　　　　ΓΕΤΟΟΝΟϟ
ϟΥΜΜΑΧΟϟ　　　　　　　ΑΜΟϘΙⲤΟϟ
ΑΜΟϘΙⲤΟΥ　　　　　　　ΑΜΟϟΡΑΤΟΥ
ΧΡΙⲤΟϟ　　　　　　　　　ΧΡΙⲤΟϟ
ΕΜΑΧΟΥ　　　　　　　　ΓΜϘΙⲤΟΥ
ϘΙⲤΝΔΕΙϼ　　　　　　　ⲤΜΓΡΙΔΙΟϟ
ΑΜΡΙΟΥ　　　　　　　　ΓΕΤΟΟΝΟϟ
　　　　　　　　　　　　ΡΙϟΤΙΓΓΟϟ
　　　　　　　　　　　　ⲤΜΑΧΟΥ

ΙΔΡΟΙ ΕΜΓΑϟΑΝΤΕϟ ΒΟΥ⟨ΙΔΙΟΙ

ΑΜΟϘΙⲤΟϟ　　ΑΜΟϘΙⲤΟϟ　　ΑΜΑΡΙΟϟ
⟨ΥϟΑΝΔΟΥ　　ⲤΜΓΡΙΔΙΟΥ　　ΕΜΑΧΟΥ
ΓΕΤΟΟΝ　　　ΑΜΟϘΙⲤΟϟ　　ΝΙΚΟΜΑΧΟϟ
ΑΜΑΡΙΟΥ　　　ⲤΜΧΟΥ　　　ΑΜΑΡΙΟϟ
⟨ΥΚΑΝΔΕΙϼ　ΑΜΑΡΙΟϟ　　　⟨ΥϟΑΔΕΙϼ
ΓΕΤΟΟΝΟϟ　⟨ΥϟΙΓΓΟΥ　　ΡΙϟΤΟΒΟΥⲤΟΥ
⟨ΥϟΑΔΕΙϼ　　ΡΙϟΤΑΔΕΙϼ　ΑΜΟϘΙⲤΟϟ
ΑΜΟΝΑΚΟΥ　⟨ΥΚΟΜΑΧΟΥ　ΓΕΤΟΟΝΟϟ
ΑⲤΚΙΓΓΟϟ　　⟨ΥϟΙΓΓΟϟ　　ΓΕΤΟΟΝ
ΑΜΟϘΙⲤΟΥ　ΑΜΑΡΙΟΥ　　ΡΙϟΤΟΜΑΧΟΥ
ⲤΜΓΡΙΔΙΟϟ　ΡΙϟΤΟΜΑΧΟϟ　ΙΑΜΟϟ
ϟΤΕϘΑΝΟΥ　ΡΙϟΤΟΜΑΧΟΥ　ΑΜΟΝΑΚΟΥ

ΓΡΑΜΜΑΤΕΥϟ
ΧΡΙⲤΑϟΡΙϟΤΡΧΟΥ

www.ingramcontent.com/pod-product-compliance
Lightning Source LLC
Chambersburg PA
CBHW072109090426
42739CB00012B/2897